私にとっての憲法

私にとっての憲法

岩波書店編集部 編

岩波書店

はじめに

日本国憲法が施行されて二〇一七年で七〇年を迎えます。この憲法がつくられたことによって、人権が保障され、平和国家をめざす戦後日本の礎が築かれました。以来、私たちはこの憲法をどれだけ使いこなし、自らのものにすることができたでしょうか。今こそ、憲法について考え、大いに議論すべき時ではないでしょうか。

憲法改正を目標に掲げる安倍政権が登場して以来、武器輸出三原則の見直しや特定秘密保護法、集団的自衛権の行使を容認した安保法制の成立、そして天皇の「生前退位」問題、「共謀罪」法案の提出と、憲法上疑義のある、あるいは憲法について考えさせる事件が相次ぎました。

二〇一六年の参議院選挙の結果、いわゆる「改憲勢力」が衆参両院で三分の二以上の議席を占めたことから憲法改正が現実味を帯びてきたといわれます。

しかし、実際のところ、国民の間で憲法のこの部分を改正すべきだという広範な意見の一致や要望が高まっているようには感じられません。このままでは、充分な国民的議論もないまま、その時々の政治家の都合や政党同士の駆け引きによって、一挙に改憲が進められてしまうことにもなりかねません。

そこで今回、憲法について考える手がかりとなる本をつくろうと、必ずしも憲法の研究を専門としていない研究者、俳優、芸術家、作家、経済人等、さまざまなジャンルで活躍する人たちに、憲法についてのお考えをお寄せ頂きました。

自らの憲法観、憲法について考えるきっかけとなった体験、憲法を「活かす」ためのヒント、憲法論議への提言、憲法をめぐる深い洞察等々、本書にはさまざまな切り口からの力のこもった発言がたくさん詰まっています。巻末には日本国憲法の全文を収録しました。

本書を手に取られて、憲法について改めて考え、議論して頂けることを願ってやみません。

二〇一七年四月

岩波書店編集部

目次

II

IV

V

I

坂本龍一
竹下景子
色川大吉
松元ヒロ
坂手洋二
藤原辰史
仲里効
米倉明
石田雄

理念は力を持っている

坂本龍一

小さい時から、ずっと不思議に思っていたことがあります。子どもの頃、自分は理念と現実とが違っていたら、理念の方が正しい、と思っていたのですが、どうも実際の社会はそういうふうには動いていないらしい、ということです。理念と現実が違うということがどうして許されるんだろう、ということを、感じていました。

憲法のことで言えば――自衛隊の問題というような大きなことも、もちろんそうですけれども――、もっと日常の、例えば男女平等と言われているのに、実際は給料の多寡にしろ他のことでも、七〇年経ってもいまだに平等ではありません。私たちは憲法に書いてあることが実際の社会の中で効力を発揮していないということに慣れすぎてしまって、たぶん一般の日本人の感覚としては、「どうせあれはきれいごとだから」とか「現実は違う」というような二重の感覚に慣れてしまっている気がします。けれども僕は、本来はそうではないと思っています。

直近の例ですと、アメリカの新大統領のトランプが、移民の入国を制限したり強制送還する大統領令を出しました。けれども、ワシントン州の連邦地裁判事が、それは憲法違反であると断じた。何人といえども法律より上に立つ者はいない、大統領といっても法律より上ではないのだから法律に従え、と言って差し止めました。これは、憲法を含め、法律というものが現実社会よりも上位にあって、いい、悪いを判断する実際的な力になっているということを示しています。

それがどうも日本では、憲法に関しては、そうなっていない。それは不思議なことだと思ってきました。

戦後の匂いがまだ残っていた僕の子どもの頃は、「憲法」という理念の言葉がもう少し力を持っていたと思います。しかし、日本社会は、憲法をないがしろにするような感覚を長い間かけて醸成してきて、七〇年経ったいま、理念というものはきれいごとに過ぎず、現実とは違うのだという感覚が日本人の中に深く根づいてしまったような気がします。それは非常にまずいことだと思うのです。

トランプの大統領令と似たような例はフランスでもありました。イスラム教徒の水着(ブルキニ)着用を禁止する自治体の条例に対して、昨年、フランスの司法が憲法違反だと判断して、直ちに禁止を凍結し、三権分立というものが曲がりなりにも効力を発揮していることを示しました。

それに比べて、わが日本では、どうも三権分立とは言えないような状況にどんどん陥っている。安倍政権になってから特にひどいとは思いますけれども、それは別に安倍政権に始まったことではないと感じています。

世界の憲法の歴史を見ると、人々が――「人々」と言ってもある階級、例えばブルジョワジーですが――自分たちの権利を獲得するために王制に立ち向かったとか、そういう歴史があるわけです。自分たちが犠牲を払って権利を勝ち取り、憲法をつくったという歴史がある。それはやはり、日本における憲法のあり方とは違う。明治憲法もそうだったし、日本国憲法もそうですが、お上がつくって、人々はそれに従うもの、みたいな捉え方をされてきた。ですが本来、憲法というものは、国がつくって、おまえたち従えというものではなくて、その国の人々が自分たちの権利を主張して、権力が暴走しないように抑えるためにある法です。

先ほどのトランプの理不尽な大統領令を差し止めたのは、ブッシュ大統領によって指名された判事でした。ブッシュ政権時代も僕は9・11テロのあったニューヨークに住んでいて、これ以上最低な大統領はいないと思っていましたけれども、それよりも下があった。いかにいまのアメリカが酷い状態かということがわかる例ですが、それでもなお三権分立が曲がりなりにも機能しているところが、ずいぶん日本と違う。

しかし、それでも、やはり諦めてはいけないと思うのです。難しいけれども、憲法違反があれば、いちいち訴えていかなければいけないのではないでしょうか。

曲がりなりにも日本国憲法はまだ存在しているわけで、法治国家である限りは、それが最上位の法で、全ての人は従わなければいけないはずですから、それは主張しなければいけません。

諦めてはいけないはずですが、それでも現在の日本の三権分立がうまく機能していなかったり、私たちの――「私たち」というのは誰かという問題はありますけれども――民意と異なる状態ならば、ここはやはり、日本の歴史上初めて国民が自分たちの権利を求めて、「真の憲法」なり何なり、上位の法をつくろうと努力するべきかもしれません。

実際、その萌芽は、明治初期の自由民権運動に見られ、民間で起草された憲法の草案が日本にかなりの数あったそうです。その一つである五日市憲法については、美智子妃殿下が実際にご覧になった体験を話されたことで、多くの人の知るところとなりました。しかしそうした草案が国の議論に反映されることはなく、草案作成やそれについて話すことさえ政府によって禁止され、いわゆる「お上」がつくった明治憲法になってしまったというのは、日本の歴史の中で重要なところなのではないかと思います。

憲法が機能していないならば、自分たちの主張を盛り込んだ憲法を、むしろ逆にこちらから提案するぐらいのエネルギーがないといけないのではないでしょうか。憲法が、政府が国民をコントロールする道具になるなんてとんでもない。

理念と現実の二元論、「理念はきれいごとにすぎず、現実とは違う」というような考えに対して、理念は力を持っているんだ、という反発が僕の中にあります。それはもしかしたら、三島由紀夫が死をもって訴えたことに少し近いのかもしれない。三島由紀夫が自刃した時、僕はちょうど一八歳で、やはりあの事件には大きなショックを受けました。

日本は人権後進国で、実際に女性もいろいろな局面で差別されているし、他にも抑圧を受けている側の人たちがたくさんいます。やはり、その人たちにとっては憲法の理念はきれいごとではない。現実だからといって、それを肯定しなければいけないということは全くない。現実が間違っているのだったら、それは直さなくてはいけない。僕はそう強く思います。

さかもと・りゅういち　一九五二年生。音楽家。デビューアルバム「千のナイフ」、映画作品「戦場のメリークリスマス」「ラストエンペラー」ほか。

想いをつなぐ

竹下景子

八月十六日

敗戦の日、胸が一杯になってただむしゃくしゃ日本のやり方が悲しかったけれど、今日はそのほとばしるような激した感情が潮を引いたように静まりたまらなくやるせなく寂しい心で一杯になった。

深々とした大地のふところにいだかれ遠くアルプスの前山をのぞみジージーという蝉の声をきく。久しく遠ざかっていたスケッチをしつつ金しょう寺山の面白い形と峯をゆく白雲をしみじみ味わう。

武装解除の日本かー。まだまだ戦をつづける余力ありと信じきっていた私はガーンと脳天をなぐりつけられ昏倒したあと除々《（ママ）》に朦朧とした意識を回復しつつ、そのくやしさを思い出し始めたような青い切なさと怒りを覚える。

画家いわさきちひろさんの日記『草穂』。敗戦から一日たって、二六才の熱い想いがつづられている。

私の父もちひろさんと同世代。天皇の詔勅は中国奉天(現・瀋陽市)で聞いた。九月、武装解除、ソ連軍の管理下に入り、その後三年間シベリアでの抑留生活を送ることになる。一五年にわたる戦争の時代を、若き日のちひろさんは、父は、どのような思いで乗り越えてきたのか。残された物を手がかりに想像する。それは、今の私が想像してもはるかに及ばない現実だったのだろうが、憲法について考える時、そこを抜きには始められない。

一九三二年、満州国建国。父は一〇才。貧しい農家の次男坊には、海の向こうの新天地が民族を超えたユートピアに映っていた。長崎県立大村中学を卒業後、同郷の先輩の援助で名古屋高等商業学校に進学、二〇才で満州国総務庁附属の官吏養成所「大同学院」に採用が決まり渡満の夢を果たした。

当時の回想には、その年に採用されたのは朝鮮、台湾出身も含め日系約一五〇名。満系その他約一〇〇名。全寮制で一年間学ぶうち、学識、人格に勝れた異民族出身の友人を数多く得て、差別の感覚が払拭された貴重な経験だった、と記されている。

「建国の目的は「民族協和、王道楽土」。学院卒業者は「挺身赴難」を合言葉に地方に赴任し、治安の回復と住民自治の確立に奮闘努力した」とある。事実、一九四五年七月に応召されるまで、父は奮闘努力したと思う。その証しに、入営のため任地を去る時、村の長老が家族とともに駅まで見送りに来てくれ「この戦争で日本は負ける。その時は自決などしないで、この村まで逃げて来い。満州という土地の政治は、必ずまた変わる時が来る」と言ってくれたそうだ。

とはいえ、満州国が日本の植民地政策による傀儡政権であることは明らかで、父の学んだ学院での教練も赴任先での業務も、すべて軍国主義下での施策であったことは否めない。

一九四五年七月二六日入営。撫順炭鉱の掘削跡地に張り巡らされた天幕兵舎に集合する。入営時の私服に星一つの階級章を縫いつけるよう言われ、小銃は一個分隊一五名に三挺、水筒は竹筒という、いかにも貧弱な応急かき集め部隊だった。八月九日早朝のソ連軍侵攻後もさほどの戦いはなく、ソ連全体では武装解除された関東軍兵士、開拓団員、逃げ遅れた一般市民ら約六四万人が抑留され、そのうちの約五万五〇〇〇人が死亡したと言われている。

父の送られたイルクーツク地区の第一収容所は、クイブシェフ国営工場の一部を改造した宿舎で、暖房設備と給水設備が備わっていた。この点だけでも他と比べて大変恵まれた環境といえる。けれど、酷寒時には零下五〇度にもなるイルクーツクでは、不十分な防寒具と未経験による凍傷事故が相次いだ。食糧不足からくる栄養失調も原因のひとつだった。最初の一冬で、全抑留期間中の犠牲者の過半数となる死者が出た。

一九四八年一〇月、収容所の閉鎖にともない帰国。新憲法とはいつ、どこで対面したのか。その時の感慨はどんなだっただろうか。収容所での自治会活動が災いして、進駐軍に復員後の就職活動をたびたび妨害された父としては、心中複雑な思いもあったのだろうか。

今年、日本国憲法は公布七〇年を迎える。「戦争は恐ろしい」「あんな酷い体験は二度とゴメンだ」戦争を経験した元兵士や一般国民、中でも女性たちによって、憲法の理想は支えられ守られてきた。そしてまた新憲法は、軍国主義によって世界中から信頼を失った日本が世界に特に東アジアの国々に向けた謝罪でもあった。だから九条は国際的にも大きな意味を持っている。

その一方で、国際情勢はこの七〇年で大きく変化した。紛争やテロが後を絶たない。国連ＰＫＯが住民保護を目的に戦争もいとわない時代に突入した。

日本にはどんな選択肢が残されているのか。忘れてならないのは、軍事の問題と民主主義の問題とは切り離せないということだ。実質、日本は世界の十指に入る軍事大国なのだ。かと言って、これまでのように既成事実を積み重ね、法の解釈を曲げて次々に拡げてしまうのはあまりに危険すぎる。それは民主主義を貶めること。日本が信頼を失うということ。

こんな時こそしっかりとした法の支配が大切だ。今こそ憲法を尊重しなくてはならない。必要なら、改憲も視野に入れればいい。この問題は繊細かつ複雑。議論を尽くす必要があるのは言うまでもない。もう一度言う。軍隊はないほうがいいに決まっている。二〇世紀は戦争の世紀だった。二一世紀に人類は戦争のない世界を目指すのではなかったか。日本国憲法には、これまで誰も成し得なかった夢や希望、日本が世界の模範となる理想がある。この豊かで崇高な憲法の上に今の私たちの幸福がある。

ちひろさんは前述に続いて日記『草穂』にこう書いた。

爆音がきこえ双登《ママ》(発)が二機山の方からこちらへ旋回して来る。なんのために飛んでいるのだろう？

負けてしまった今日なのに、武装はゆるされていないはずなのに。

いいよいいよ、日本の空だもの大いにとべとべ。日本の飛行機は全部とべ(中略)青草がそっと足になびいてたまらなくいとしい。この草々の色、山のあおさ、日本の大空よ!!

たけした・けいこ　一九五三年生。俳優。映画『学校』で第一七回日本アカデミー賞優秀助演女優賞。二〇〇七年、舞台『朝焼けのマンハッタン』『海と日傘』で第四二回紀伊國屋演劇賞個人賞。

元海軍航空隊員として、歴史家として

色川大吉

私にとっての新憲法は廃墟の東京で仰いだ希望の象徴であった。戦前二〇年、旧憲法下に暮らしてきた私たち戦中派は、敗戦によって一時、生きる希望を失っていた。海軍航空隊の一員として、国を守るため必死に尽力し、伊勢湾の特攻艇の基地から帰郷した私は、深い失意と虚無感から抜け出せないでいた。死んだ同級生たちのことが日夜、夢にあらわれるのだ。

昭和一八年に東大文学部に入学した四〇〇名余の同級生の、半分近い友人が生死不明だった。私は生きて復学したが、卒業(昭和二三年三月)できたのは約半分の二二〇名にすぎない。その痛恨の想いは、東大戦没学生の手記『はるかなる山河に』(昭和二二年)の刊行などで癒せるものではない。「死んだ人々は、還ってこない以上、生き残った人々は、何が判ればいい?」という後の渡辺一夫氏の「献辞」が呪文のように離れない。

戦争を真剣に反省し、戦後の連合国軍の民主化指令を率直に受け止めようと思うようになったのは、私が故郷に帰っていた昭和二一年であった。アメリカへの反撥から意固地になっていた私も、「男女同権」「人権尊重」「言論の自由」などの基本原理は容認せざるを得なかった。「農地解放」「労働者の団結権(労組の結成)」尊重なども同様だった。そしてこうした原理がすべて包括されているのが、昭和二二年五月三日に施行された日本国憲法であることを認識したのである。

この憲法の前文には、こうある。「そもそも国政は国民の厳粛な信託によるものであって、その権威は国民に由来し、その権力は国民の代表者が行使し、その福利は国民が享受する。これは人類普遍の原理であり、この憲法はかかる原理に基づくものである」。戦前の天皇制の完全な否定であり、また「日本国民は恒久の平和を念願し、人間相互の関係を深く自覚するのであって、平和を愛する諸国民の公正と信義に信頼して、われらの安全と生存を保持しようと決意した」。

それ故に、第二章を「戦争の放棄」とし、第九条に「日本国民は、正義と秩序を基調とする国際平和を誠実に希求し、国権の発動たる戦争と、武力による威嚇または武力の行使は、国際紛争を解決する手段としては、永久にこれを放棄する。前項の目的を達するため、陸海空軍その他の戦力は、これを保持しない。国の交戦権は、これを認めない」と、明確に規定したのである。「その他の戦力」としての自衛隊の存在が違憲であることは明らかである。自衛隊はすべての武器を放棄し、国民が求めている災害救助隊として改変されなければならない。

この私たちの憲法を「占領憲法」だの「押しつけ憲法」だのと非難し、「改憲」を主張する勢力がいる。その最大のものが自民党とその傘下の組織である。果たしてこれが押しつけの占領憲法であるのか、歴史的状況に照らして、正論であるか、単なる政治的中傷であるか、歴史家として検証してみよう。結論から先にいえば、これは自民党勢力などによる「ためにする歪曲」であり、当時の国際状況や歴史的事実に反するものである。

ＧＨＱ(連合国軍総司令部)のマッカーサー総司令官が一九四六(昭和二一)年二月三日に民政局長に日本国憲法草案の作成を命じたのは事実である。指針はいわゆるマッカーサー三原則(天皇は国家の最高位、戦争放棄、封建制度の廃棄)で、期限は七日間という厳しいものであった。この中の戦争放棄は時の首相幣原喜重郎が天皇制を残してもらうため提言したものだという。二月一〇日、民政局のスタッフ三人が起草作業を終えて提出、それをマ総司令官が直ちに承認した。

この三人のスタッフというのが、ケーディス、ラウエル、ハッシーという佐官級の当時としてはもっとも民主的な民政局員で(三人とも弁護士)、日本民主化の理想に燃えていた得難い人たちであった。日本国民はこの人々に感謝しなくてはならない。かれらはあまりに進歩的すぎて、この後、本国に送還される。

日本政府もこの動きを知って、二月八日、松本国務相が憲法改正案をＧＨＱに提出したが、反動的な内容だとして、同一三日に拒否され、ＧＨＱ案を検討するよう要求される。これが世にいう「押しつけ」である。その押しつけ案を議会が受け入れ、審議し、議決した結果、私たちは今の民主的憲法を手に入れ、以来七〇年、維持してきたのである。その間、自民党は独自の改憲案をつくり、ながく政権を維持してきたが、一度も改憲に手をつけることが出来なかった。国民が強く現憲法を支持していたからである(改憲を掲げて選挙したら、勝ち目がなかったのだ)。
近年、多くの国民の支持を受ける安倍内閣が続いているが、その安倍ですら、正面から改憲問題をとりあげられないでいることは、いかにこの壁が厚く、抵抗が強いかを示している。

いろかわ・だいきち 一九二五年生。日本近代史・民衆思想史。『明治精神史』『自由民権』ほか。

色川大吉

姓は「日本国」、名は「憲法」

松元ヒロ

「こんにちは、憲法くんです！」

そんな挨拶ではじまる一人芝居「憲法くん」をはじめて、もう二〇年が経ちます。私は芸人として、政治風刺などをネタにした一人芝居、パントマイムを全国各地の舞台で行っています。時事的な問題を扱うことが多いので、たいていのネタは一回きり。でも、この「憲法くん」だけは、お客さんからの要望も強く、繰り返し演じ続けてきました。

この一人芝居では、私が憲法くん(すなわち日本国憲法)となって、自分のことをお客さんにお話しします。「みなさんは、わたしの体がどういうふうにできているか知っていますか？　憲法の前文と一〇三の条文を細胞にしてできているのが、わたし憲法くんです」といった具合です(昨年一二月には、絵本にもなりましたので、よかったらお読みください)。

憲法くんのネタが誕生したのは、一九九七年五月三日。日本国憲法施行五〇周年を迎える憲法記念日でした。その日、「憲法フェスティバル」（一九八七年から毎年五月に、市民が憲法をテーマに開催しているイベント）で、私は当時所属していたコント集団「ザ・ニュースペーパー」の一員として、一人芝居を行うことになっていました。そこで、イベントに協力していた憲法学者の水島朝穂先生らとアイデアを出し合うなかで、私が憲法くんとして日本国憲法になりきって、自己紹介をするという方向性がおおよそ決まりました。

ではネタの中身はどうするか。そんなことをあれこれ考えていたときのこと。憲法施行五〇周年を記念してテレビなどでも憲法を特集した番組が放送されていました。その中で、ある俳優さんが憲法前文を朗読していたのを観て、とても心を動かされました。人間の声を通して聴いてみると、憲法をつくった人たちの熱い思いが伝わってくる気がしたのです。

そして、こう思いました。もしかしたら前文というのは、一〇三条におよぶ憲法全条項の大本になっているもの、いわば魂なのではないのか。だったら、細かく各条文を紹介するのではなく、いっそのこと「これが僕の魂です」と言って前文を紹介する。しかも、朗読じゃなくて暗唱で紹介したら、もっとよく伝わるのではないか。そう確信したのが、イベント当日の五日前。はたして、たった五日間で暗唱できるものなのか。当日、失敗したらどうしよう。そんな不安を抱えながら、風呂やトイレ、そして電車の中でも、ひたすらブツブツと覚えることに集中しました。

迎えた当日。私は憲法くんとなって、「わたしの初心、わたしの魂は憲法の前文に書かれています」と語りかけ、憲法前文を暗唱しました。途中で一瞬、言葉を忘れ、頭が真っ白になってしまう事態もありました。実際には、わずか二、三秒のことだったようですが、私には一分ぐらいの長い空白に思えました。でも、不思議と言葉が降りてきて、自然と口が動いたのです。

そういえば、立川談志さんがこんなことを言っていたのが思い出されます。談志さんは自らの落語について「オレが話しているんじゃねぇんだ。落語の登場人物が勝手に話しはじめるんだ」と語っています。私の場合も、松元ヒロではなく、憲法くんが話してくれたのでしょう。お客さんからは、たくさん拍手をもらいました。私もホッとしましたが、お客さんの安堵はそれ以上だったのかもしれませんね。

一回きりで終えるはずの憲法くんでしたが、「うちの地元でもやってくれ」といった声が寄せられるようになりました。そして、あるきっかけがもとで、憲法くんを長く続けることになります。

すでにニュースペーパーをやめてソロ活動を始めていたころ、山形県川西町の集会で憲法くんをやってほしいとの依頼がありました。出番を終えて楽屋に戻ると、一人の男性が興奮した様子で楽屋に飛び込んできました。黒縁の丸眼鏡に特徴のある出っ歯。なんと作家の井上ひさしさんです。川西町は井上さんの故郷で、帰省した折にたまたま私の芝居を目にしたようなのです。井上さんは私の手を両手で強く握るなり、「感動しました！　よく練られた深い思想が憲法の前文には込められていることが理解できた。ありがとう！」と言ってくれたのです。

かつて井上さんは護憲派として、改憲派の石原慎太郎さんと論を闘わせたことがあり、その際、石原さんは憲法を「醜い文章」と切り捨てています（「日本国憲法を読もう」『文藝春秋』一九八二年六月号）。そんな背景もあったのかもしれません。井上さんは私にこうも言いました。「前文が心に響く名文であることを確信した」。そして、「この憲法くんを日本のあらゆるところでやって、その魂を広めてほしい」とも。

これをきっかけに、私はますます自信をもって、憲法くんを演じ続けるようになりました。古典落語は、何度きいても同じところで泣かされ、同じところで笑わされます。憲法くんを古典落語のようにしよう。その魂を広めていこう。そう決心しました。

憲法くんは、こう問いかけます。「へんなうわさを耳にしたんですけど、ほんとうですか。わたしがリストラされるかもしれないというはなし。わたし、憲法くんがいなくなってもいい、ということなのでしょうか」。

憲法改正を政権の目標に掲げる安倍晋三首相は「未来志向」という言葉が好きですよね。暗い過去の歴史にとらわれず、未来に向けて新たなパートナーシップを──とか。でも、過去へのまなざしを捨て、明るい未来を描くことなどできるのでしょうか。憲法は、日本が犯した過去の過ちへの反省の上につくられた、明るい未来を築くための人類の理想だったのではないでしょうか。

生前とてもお世話になっていた永六輔さんが亡くなる少し前に、私にこう言い遺してくれました。「ヒロくん、九条をよろしく」。子どものころに戦争を経験した永さんの、心からの言葉だったのだと信じています。戦争を経験した世代から大切なバトンを渡されたのだと実感しました。

憲法が語る理想ほど、現実は甘くないという声もあります。確かに、残念ながら世界のあちこちで戦争は絶えません。でも、憲法くんはこうも語ります。「理想と現実がちがっていたら、ふつうは、現実を理想に近づけるように、努力するものではありませんか」。

七〇歳の憲法くんですが、まだまだ元気です。現実を理想に近づけるために、もっと利用してほしいと訴えています。はたして、私たちは憲法くんを十分に活用してきたのでしょうか。

まつもと・ひろ　一九五二年生。芸人、「芸人9条の会」メンバー。『憲法くん』（武田美穂絵）、『安倍政権を笑い倒す』（佐高信氏との共著）ほか。

国民の自由と俳優の自由

坂手洋二

二〇一二年一二月一四日、安倍晋三氏は自民党総裁として以下のように発言した。

日本国憲法の前文には「平和を愛する諸国民の公正と信義に信頼して、われらの安全と生存を保持しようと決意した」と書いてある。つまり、自分たちの安全を世界に任せますよと言っている。そして「専制と隷従、圧迫と偏狭を地上から永遠に除去しようと努めている国際社会において、名誉ある地位を占めたいと思う」(と書いてある)。

自分たちが専制や隷従、圧迫と偏狭をなくそうと考えているわけではない。いじましいんですね。みっともない憲法ですよ、はっきり言って。それは、日本人が作ったんじゃないですからね。そんな憲法を持っている以上、外務省も、自分たちが発言するのを憲法上義務づけられていないんだから、国際社会に任せるんだから、精神がそうなってしまっているんですね。そこから変えていくっていうことが、私は大切だと思う。

一国の首相が、自国の憲法について「みっともない憲法ですよ。はっきり言って」と言うのである。そして二〇一七年、安倍首相の施政方針演説は「日本をどのような国にしていくのか。その案を国民に提示するため、憲法審査会で具体的な議論を深めようではありませんか」という「憲法改正」への呼びかけで締めくくられた。

首相が改憲を呼びかけるのは、おかしなことだ。「改憲」を求める権利は、国民のみにある。憲法は本来、国民主権を保証するものだからだ。彼はこれまでに「私は立法府の長」という失言もしている。与党多数の自惚れからでもあろうが、そもそも「三権分立を理解していない」のではないかとも疑われた。

国の権力が、立法権・行政権・司法権の三つに分かれているのは、三権が互いに抑制し合い、均衡を保つことによって、権力の行き過ぎを防ぐためである。つまりそれは、憲法を正常に機能させるための仕組みだ。

ところが安倍首相は二〇一四年二月、「憲法は権力を縛るものというのは王政時代の古い考えだ」という旨の発言を行なった。そして二〇一五年八月、現憲法に抵触する安保法制をゴリ押しで成立させた。

憲法は、「政府の行為によつて再び戦争の惨禍が起ることのないやうにすることを決意」することで始まった。国民として、国家に人殺しをさせないと決定した。二度と戦争をしない。あらゆる戦争を否定する。国家に人殺しの権利を与えてはいけない。そして、「専制と隷従、圧迫と偏狭を地上から永遠に除去しようと努めてゐる国際社会において、名誉ある地位を占めたいと思ふ」。

つまり国家による殺人・暴虐を認めたとき、国民は、被害者であると同時に、加害者にもなりうる。ただ戦争から逃れるのではなく、加害者になる可能性をも消し去りたい。そして自国のみならず国際社会全体がそう考えるように導きたい。日本国憲法の前文は、そのように考えられ、作られたはずだ。

他者に任せるのではない。国際社会の総意を形成するために尽力したい、それが戦後日本の決意である。そしてそれを拒否する安倍首相は、国際社会の一員になるつもりはないのだ。

振り返ってみると、戦後民主主義の精神は、必ずしも「憲法」という囲みの名で記憶されていないように思う。国民主権、基本的人権の尊重、平和主義という三原則は、「憲法だから」ではなく、ごく自然なこととして考えられてきた。そして国民主権は「主権在民」、基本的人権の尊重は「人間の平等」、平和主義は「戦争放棄」という、現在よりも強い表現だったという記憶もある。

さて。

私はかねがね、日本国憲法前文を、演劇・演技論と重ねて読めると思ってきた。

俳優という存在は、舞台上で自由だ。演劇の上演には、台本がある。演出も段取りも決められている。ただ、一度幕が開いてしまえば、後はもう俳優の自由裁量だ。「主権が国民に存する」ように、俳優の自由こそが演劇の中心である。

もちろん、国民の義務同様、個々の俳優にも求められるものがある。

俳優の独りよがりな演技が、収拾のつかない「惨禍」を招く事態を、私たちは何度も見てきた。「俳優相互の関係を支配する崇高な理想を深く自覚する」なら、尊重されるべき「諸国民」とは、俳優にとっての「相手役たち」である。「いづれの国家も、自国のことのみに専念して他国を無視してはならないのであつて」、己の感情や、他人にどう見えるか等、自分のことばかりを考えて演じる人は、相手役を無視していることになる。それは演劇としては不成立である。「自分よりも相手」を考えることこそ、演技を成立させる基本である。「相手の台詞を聞く」「相手から受け取る」「相手のために渡す」ことは、真摯に演劇に取り組む俳優なら、いつかはそうしなければならないことに気づくものである。

そうした、演技に於ける相互尊重は、普遍的なものであり、この法則に従うことは、演技者としてのアイデンティティーを維持し、相手役と対等関係に立とうとする、俳優の責務である。

それを理解していない者は、じつは「自由」を理解していないということなのだ。国際社会というステージに於いても、それは同様のはずである。

さかて・ようじ　一九六二年生。劇作家、劇団「燐光群」主宰。作品に『屋根裏』『だるまさんがころんだ』『天使も嘘をつく』ほか。

憲法前文の勢いについて

藤原辰史

日本国憲法の前文を読むたびに、わたしは、絶縁状を想像する。

戦争のない世界を目指し、手を取りあってがんばりましょう、というような毒にも薬にもならないものではなく、崇高な理想にうっとりする高揚感でもない。心がぽっきり折れました、もうあなたにはついていけません、いい加減にしてください、絶対にあなたを許しません、あなたは嘘つきで臆病です……というような呪いにも似た縁切りの決意を行間から聞き取る。いつもあなたは威張っていたけれど、ずっと内心びくびくしていたことをわたしは知っています。心は完全に振り切れました。あまりにもたくさんの人が、焼き焦げ、熱に溶け、餓えて死に、自殺を強要され、船とともに海の底に沈み、人々を撃ち殺し、手足を引きちぎり、毒ガスで呼吸を止めました。我が子を水につけて殺し、家族と毒薬を飲み、手榴弾を胸元で爆発させ、海に身を投げました。この期に及んで、わたしは悪くなかった、時代が悪かった、しょうがなかったんだ、なんて、あなたは所詮その程度の人だった。理想が簡単に実現しないなんて百も承知です。でも、わたしの荒《すさ》みきった暗い心も、放射能に浸された子どもたちも、絨毯《じゅうたん》爆撃された廃墟も、もう、理想以外にすがるものはない。あなたを地中の闇に沈め、二度と這い上がらないようにしてあげましょう……こんな怒りで体の震えが止まらず、上ずっているような声を私は前文の行間に何度も聞いてきた。

たとえば、国政が国民に由来し、権力は国民の代表者が行使し、福利は国民が享受するのは「人類普遍の原理」と大きな構えをみせたり、「平和を維持し、専制と隷従、圧迫と偏狭を地上から永遠に除去しようと努めてゐる国際社会において、名誉ある地位を占めたいと思ふ」と目に鋭い光を走らせたり、あるいは憲法第三六条で「公務員による拷問及び残虐な刑罰は、絶対にこれを禁ずる」とくどいほど強調したり、人類史を背負うような、力みすぎて息が止まらんばかりのこれらの言葉は、落ちるところまで落ちきった沈鬱な心からしか生まれないと思う。「あなたを永遠に地上から除去したい」などと身近な人に言われたら、誰も立ち直れないだろう。その強い言葉を、戦争に、戦争遂行を担った人に、戦争で利益を得た人たちに、最後にそれらに抗えなかった自分自身に向ける。「あなた」は必然的に自分をも名指す。だから、前文には人類の負い目もまたしみ込んでいる。自分たちが犯してしまった罪に対する身の縮まるような恥をわたしは感じることもある。

大切に育ててきた息子たちを戦争に送ってしまったわたしの負い目、自分より若い部下を特攻兵器に乗せてしまった負い目、児童たちに戦争への協力を訴えた負い目、五族協和の理想のもとで日本人以外の人々を蔑視しつづけた負い目、生を享《う》けたばかりの子が生きている空間を焼き払った負い目、殺した兵士や女性や子どもに人生があったことを感じなかった負い目、医学の進歩を信じて捕虜を生体実験に使った負い目、これらの負い目はあまりにも重くて、どんなに負い目を軽減する物語を作って自分に読み聞かせても解消することができない。死者たちは夢のなかで幾度も蘇り、のどもとを締め付ける。振り払えないからこそ、もう、理想の濁流に飛び込むしかない。表現しつくせない後悔を捨て去れないのであれば、ここまで来てしまった以上、もうこれしかないのだ——そんな悲壮な覚悟を、戦後三一年たって生まれたわたしでさえも、日本国憲法の前文を読むたびに感じるのである。

そして、死者たちの負い目もまた、「人類普遍の原理」という浮世離れした言葉のなかに見ることができるのが、前文の魅力であり魔力である。まだ幼い子どもを浮浪児にしてしまった親の負い目、父親と母親に成人した自分を見せられなかった子どもの負い目、これらの「地上」にはもはや存在しない負い目も、前文の「永遠に除去」という強い言葉にわたしは読み取らざるをえない。

この前文のあとに天皇に関する条項が第一条から第八条まで並んでいることは、第九条と並び日本国憲法の特徴だが、この事実に対して歴史学的には説明ができても、いまなお違和感を消すことがわたしはできない。大日本帝国憲法第一一条には、「天皇ハ陸海軍ヲ統帥ス」、第一三条には、「天皇ハ戦ヲ宣シ和ヲ講シ及諸般ノ条約ヲ締結ス」とあった。つまり、天皇は軍隊の統帥権を持ち、戦争の開戦を宣言し、講和を結ぶ権限を唯一持つ存在であった。

日本国憲法前文の理想を遂行するとき、自由民主党による改憲草案のように、天皇が「元首」であることは論外である。そのうえで、「日本国の象徴であり日本国民統合の象徴」として認めることもまた、人類史の「負い目」を担い人類史の「理想」を語るのに必要な苦しみには緩和を、語ることで得られる喜びには制御をもたらすように思えてならない。憲法が戦争に対する絶縁状であるためには復縁の道はすべて閉ざさなくてはならない。むしろ、日本の歴史のなかに天皇が持っていた特異な農耕文化的位置づけを活かした平和希求および幸福追求の条項を、主権が国民にあること、武力を放棄すること、そして、「すべて国民は、個人として尊重される。生命、自由及び幸福追求に対する国民の権利については、公共の福祉に反しない限り、立法その他の国政の上で、最大の尊重を必要とする」という日本国憲法の根幹にあたる第一三条を宣言したあとに並べる憲法のほうが、前文の勢いが憲法全体に満ちてよいのではないか。

前文に「活力ある経済活動を通じて国を成長させる」などという、人類史の深い哀しみとやり切れなさから断絶された薄っぺらい言葉を挿入するあの改憲草案とはまったく逆に、前文の「絶縁」と「理想」の混じった濁流が、遮られることなく、最後の条項までほとばしりつづける憲法を、わたしは渇望する。

ふじはら・たつし　一九七六年生。京都大学人文科学研究所准教授。農業史・食の思想史。『ナチスのキッチン』『食べること考えること』ほか。

「われら」の内と外の結界で

仲里 効

七〇年だという。敗戦後二年目にして歩き出した憲法の歴史は、日本の戦後そのものでもあった。ずいぶん遠くへ来たような気がすると思うのは、この七〇年はまた私自身が生まれてから重ねた歳月でもあるからだろうか。単なる偶然にしか過ぎないにしても、生まれ年が一緒でしかも世界に類例を見ない理念をもつそれに親しみを感じてもよいと思うのだが、さっぱりなのである。それどころか日本国憲法は、私にとっては悪態とやぶにらみの対象でしかなかった。

沖縄島から東に三八〇キロほど離れた孤島に生まれ育った記憶のなかの日本国憲法は、日本復帰運動に熱心な先生の夢見るような顔とともに、よく意味がわからないままに暗記させられた社会科の教科書のなかの三大原則(「国民主権」「基本的人権の尊重」「平和主義」)という謎めいた記号のようなものだった。高校進学のため島を離れて暮した沖縄本島は、孤島の風景とは一変し、人と街の密度は限界近くを巡り、猥雑だがエネルギーに満ちていた。そして否応なく目に飛び込んでくるのは、フェンスとその向こうのアメリカだった。

ただ、日本を祖国と見なしそこに帰ることに熱心な先生の顔つきだけは変らなかった。ベトナム戦争へ向ってミリタントな度合いを強めていく軍事の島の不条理な現実は、あの教科書のなかの三大原則からはかけ離れ、それだけにいっそう熱く焦がれていく心模様を知らされる。日本国憲法は復帰運動のスローガンの真ん中に住むところを得て、人びとの幻想を吸引していく。憧れを外化しなければ生きていけないかのように「日本」や「祖国」とともに「憲法」に何ものかを仮託する。逆説的な言い方になるが、日本国憲法は、ここ沖縄においては米軍の剝き出しの占領下でもっとも純粋に輝き夢見られた。

私が憲法に悪態をつくようになったのは、そんな「日本」と「祖国」と「憲法」を三位一体化させていく姿勢にどこか胡散臭さを感じはじめたときからであった。やがてそうした同化主義を「日本国憲法」によってオーソライズしていく運動にノンを突きつけ踏み越えていった〈反復帰の思想〉と出会ったことと、憲法誕生の裏に秘められた事情を知るにつけ、悪態とやぶにらみも昂じていった。日本国憲法の際立った理念をなす象徴天皇と戦争の放棄や軍事力の不保持は、沖縄の軍事要塞化によってはじめて可能となった「排除のシステム」でもあったのだ。このことは、サンフランシスコ講和条約と同時に結ばれた日米安保条約によって構造化されていく。サンフランシスコ講和条約第三条の法的〝マヌーバー〟は「天皇メッセージ」の〝擬制〟の制度化だった。

後にアメリカの公文書が明らかにした「天皇メッセージ」は、秘められた共犯の原像を完膚なきまでに裏づけてみせた。第一章一条と第二章九条は戦後日本の〈国体〉を基礎づけるものであっただけに、構造化された共犯性に目を瞑るわけにはいかない。

あらためて憲法前文を読み直してみて目眩を覚えたのは、頻出する「われら」とその「われら」の主格の閉じかたであった。言葉を換えて言い直せば、「われら」にはどこか排除の暴力が縫い合わされていた。そうか、そうだったのだ、私の悪態とやぶにらみは暴力の予感からくるものであったのだ。「われら」に沖縄は入っていなかった。そして、昨日まで大日本帝国憲法第一章第一条の「大日本帝国ハ万世一系ノ天皇之ヲ統治ス」によって天皇の臣民にされていたアジアの植民地の人たちもまた、「われら」の画定によって排除された。帝国の記憶の忘却と天皇の戦争責任の回避は、「われら」の境界を引き直すことと対になっていたのだ。「日本国民」と「象徴天皇制」の視界からは、沖縄も、アジアの旧植民地も消された。

日本国憲法七〇年の歴史は、憲法そのものを日本国民自身が損ない貶めた歴史でもあったが、そのことは、国家の基本法であり最高法規である憲法の上に日米安保条約を置いたことによるところが大きい。沖縄はその例外状態の内と外の結び目となった。この場所からやぶにらみに見ると、日本は七〇年かけてようやく七〇年前に辿りついたと言えよう。だとすると、辿りついたはじまりの焦土で、第一章の「天皇」と第二章の「戦争の放棄」を、沖縄とアジアの視点を窓にして多重露光してみよう。日本国憲法と日米安保条約の転倒を転倒してみよう。

沖縄は日本復帰運動の擬制の終焉のあとに、「琉球共和社会憲法私(試)案」と「琉球共和国憲法私(試)案」の二つの憲法を書き込んだ。それは一九七二年の「復帰」という名の併合後の沖縄の時空に、〈反復帰の思想〉を構成的権力として大胆に架橋し、未成の《われら》を発明する試みでもあった。

いつの日か日本国憲法第八章第九五条の錆びついた「特別法の住民投票」を、沖縄が行使する時がくるだろう。悪態とやぶにらみの私の七〇年はまた、「われら」の内と外の結界で、群島の自立とアジアのまなざしに惑う歳月でもあった。

なかざと・いさお　一九四七年南大東島生。批評家。著書に『オキナワ、イメージの縁』『悲しき亜言語帯――沖縄・交差する植民地主義』ほか。

「押し付け憲法論」は無用ではないか

米倉　明

昨今の憲法改正論議において「押し付け憲法論」が有力に唱えられ、今日にいたっている。以下ではこれを同論と略称する。

同論の首唱者は安倍首相であり、同首相によれば、日本国憲法（以下、現憲法という）は約七〇年前、占領軍による押し付けの結果として制定された憲法であって、「みっともない憲法ですよ、はっきり言って。それは、日本人が作ったんじゃないですからね」（同首相談、朝日新聞二〇一六年六月八日朝刊、一二版、第四面参照）。少々説明を加えると、現憲法には独立国家として恥しい規定が少なからず含まれ、さらには日本の伝統・国民性に調和しがたい規定も目立つ。こうした不都合な規定をきちんと直そう、ということになる。

ところで同論には、私にとっていくつかの疑問ないしは欠点があるし、さらには、そもそも同論は改憲推進にとって必要なのかとさえ思えてくる。これらの疑問ないしは欠点としては、九条や二五条という重要規定は日本人(幣原首相・鈴木安蔵氏・森戸辰男氏)が発案し、占領軍がこれを容れたという事実を無視しているとか、「押し付け」があったとしても、それを招いたのは敗戦で、その敗戦は同論の論者の身内、先代先々代にあたる人物の戦争指導の誤りによるのに、そのことにつき何のあいさつもなしに「押し付け」と罵り、ついてこない国民をあたかも恥知らずの愚民といわんぱかりの高飛車な態度がうかがえ(同論の論者は何様なのか)、どうひいき目にみても違和感を覚える論調であるとか、を挙げて詳論することもできよう。

しかし、本稿では紙幅の制約から、これまで論及されていないポイントに限定して論じてみたい。それは現憲法の公布文(上諭)に現われた天皇(昭和天皇)の意思表示の解釈にかかわる。

上諭の日付は一九四六年一一月三日、現憲法施行(翌年五月三日)に先立つこと半年。上諭の時点では天皇はわが国の最高権力者、主権者で、その主権者が上諭の中でこう述べられた。即ち、「朕は日本国民の総意に基いて、新日本建設の礎が、定まるに至つたことを、深くよろこび、(中略)ここにこれを公布せしめる」と。上諭の案文は事前に内閣が作成し、「公布記念式典」に出席した天皇が勅語「本日、日本国憲法を公布せしめた」を読み上げて、案文即ち上諭文を総理大臣に下げ渡したのであった(江橋崇「日本国憲法のお誕生」(第五回)、『書斎の窓』六四九、二〇一七年一月号六頁下段参照)。ちなみに、上諭そのものは市販の小型六法をひもとけば、現憲法登載の箇所にやはり登載されているので、未読の方々はぜひ一読されたい。

問題は「深くよろこび」をどう受け取るべきかである。天皇が上諭を終始、内閣に丸投げしたことは否定できない。だからといって、天皇は「深くよろこび」などと思っていなかった、とはいえまい。将来、新史料が発見されれば、異なる受け取り方が成立するかもしれないが、今のところは、文字どおりに受け取るべきだろう。上諭の中で喜怒哀楽の感情を吐露する必要はないのに、わざわざ「深くよろこび」とまで踏み込むのはよくよくのことだ。しかるに、「それは表向きの話で内心では悲しんで(又は怒って)」おられたのだということになれば、主権者が公文書の中でした意思表示が信用できなくなり、ひいては、今後は公文書一切がうさん臭く受け取られることになりかねず、そうなっては、国家統治に支障をきたすであろう。やはり上諭の文章は素直に文理解釈すべきである。想像をめぐらせば、上諭の案文作成過程や「公布記念式典」の行事の過程に占領軍が介入して、「深くよろこび」を入れさせたともいえようが、裏付ける証拠はないようである(上掲江橋エッセイにも「あり」との指摘はない)。

考えてみるに、天皇自身も現憲法制定による解放感(国家統治の重責からの解放感)にひたり、「深くよろこび」は本心に発していたのであろう。太宰治は次のように書いていた。

即ち、元華族の母と娘の会話で、「お老《ふ》けになった」「いいえ(中略)こないだのお写真なんか、とてもお若くて、はしゃいでいらしたわ。かえってこんな時代をお喜びになって(中略)だって、陛下もこんど解放されたんですもの」(「斜陽」岩波文庫版、一二七〜一二八頁。初出単行本は一九四七年一二月、新潮社刊。傍線は米倉による)。

主権者が「深くよろこび」と言うのはたんなる被治者たる国民が言うのとは異なり、現憲法を日本国として積極的に受け入れたことを意味し、「押し付け」はなかったことになるではないか。そうすると、同論の論者は天皇の御意思に反する主張をする「非国民」なのではないか。同論の論者は往々にして自説に批判的な国民を「非国民」呼ばわりして恫喝するけれども、今後は「非国民」呼ばわりが自分自身に向けられることになろう。自分の武器で自分が窮地に追い込まれるのだ(ブーメラン効果)。

私の結論――「押し付け憲法論」は早々に取り下げられるべきである。改憲論は同論なしに立派に展開できる。同論は憲法改正論議を複雑にするだけの無用の主張であるうえに、主張者自身を窮地に立たせるものだからである。ここで筆をおく。

よねくら・あきら 一九三四年生。東京大学名誉教授。民法学。『譲渡担保の研究』『法科大学院雑記帳』ほか。

ふたつの憲法危機を体験して

石田雄

私たちは、憲法学者石川健治が「「非立憲」政権によるクーデター」と名付けた解釈改憲による集団的自衛権承認という危機に直面している。かつて一九三〇年代に明治憲法の立憲的要素否認という危機から総力戦に至った過程を体験した私としては、その反省から戦争を放棄した現憲法の危機が再び戦争に至らないために何をなすべきかを考えなければならない。そのためにはふたつの危機に共通する点と相違点を明らかにし、最も有効な危機対応の方策を見出したい。

元来明治憲法は自由民権運動に対応した面もあったが、主たる目的は不平等条約を改正し、列強と並ぶ地位を得るため外見的立憲制を作ることにあった。そのためドイツ人顧問の助けを借りて、起草にあたったが、第一条の「万世一系ノ天皇之ヲ統治ス」というのは神話の背景を持つので世襲的君主制という表現にすべきだという意見には従わなかった。対外的には助言の方がよいが、国内では天皇統治の神話的要素による正当化が必要だと考えたからだ。その補強のため憲法制定の翌年教育勅語を出し、これを義務教育の中心として国民統合をめざした。憲法を教えるのは大学で法律を学ぶ者に対してだった。つまり上層官僚の間では密教としての憲法を、国内の大部分の国民に向けては顕教としての教育勅語を使い分けたわけだ。

憲法学者の中にも第一条の国体論に力点を置く人もいたが、彼らは知識人の間の論争では劣勢であった。こうして、明治憲法の下で大正デモクラシー期の政党政治の展開も見られた。しかし昭和恐慌後の社会的矛盾とそれによる反政府運動に対応して、外に向かっては中国への武力侵略、内においては国家権力の強化が始まる。こうして憲法危機が生まれた。

一九三五年のある日、小学校五年生だった私は朝礼に際し配属将校が壇上から校門の方を指さし、「あそこに国賊が住んでいるから毎日にらんで通れ」と叫んだのに驚かされた。校門の隣には、当時在郷軍人会などから天皇機関説の提唱者と非難されていた憲法学者美濃部達吉が住んでいた。彼はその少し後自宅で右翼に襲われて負傷し、岡田内閣も「国体明徴」の立場を示すということで支援を失い、すべての公職から身を引くことになった。

一九三六年の二・二六事件の後三七年には文部省が『国体の本義』を公刊し、「不易の国体」を基礎とする日本では議会も「天皇の御親政を……翼賛」するものだと説いた。事実中国における戦争を批判する演説をした衆議院議員斎藤隆夫は除名されるという形で議会は機能を失った。

一九四三年私が大学に入ってはじめて憲法の講義を聞いた時、ドイツの純粋法学の方法を用いた教授は、日本の憲法の「根本規範」は天壌無窮の神勅であると説明を始めた。入学して間もなく学徒出陣で入隊することになったので、憲法の講義は神話だけしか聞けなかった。

軍隊での一年八カ月は、不条理な命令でもそれに従わせ、随所で殺人ができるように陸軍刑法で不服従を死刑で処罰するという組織での生活だった。立憲主義が完全に否定された軍国日本では、軍隊だけでなく全社会が軍事的権力で統制されていた。しかもそれが愛国心の昂揚によって支えられていたため、無責任の体系となり、広くアジア太平洋地域で多くの人を殺し、国の内外で多くの日本人が殺された戦争を止める決断さえ困難な状況となった。

敗戦と占領を体験した日本では、過去の反省の上に日本国憲法によって基本的人権尊重、国民主権、戦争放棄を基本とする新しい生活に入った。それから七〇年なぜ今日の危機が生まれたのか。重要な問題は事実上の軍事組織の展開である。一九五〇年朝鮮戦争に際して、ＧＨＱから警察予備隊の創設が命じられ、それ以後名前は自衛隊と変わったが、人数も増え、装備も強化されてきた。戦前と比較して、「統帥権独立」がないからもはや軍国日本の復活はありえないという意見があるかもしれない。しかし講和後も安保条約による対米従属は続いただけでなく、日米軍事協力の名の下に両国の軍事組織の間の一体化が進められている。このような状況の下では戦前とは別の形で軍事組織が憲法的制約から離れていく危険性がある。

今日の憲法危機に対処するため明治憲法の危機とのふたつの類似性に留意する必要がある。ひとつは既成事実の積み重ねによる漸次的な立憲主義否定の傾向である。明治憲法の危機は明確な転換点を示すことなく意識されにくい形で進行した。日本国憲法の危機もテロ対策特措法、イラク復興支援特措法などという形で海外派兵を繰り返した上で集団的自衛権承認に至った。今後海外での武力行使が実行されると、それが報復を生み、それによる軍事的対立の激化が内外の犠牲を増大させ、その結果国内の排外主義とそれを利用した権力支配の強化を招く。これでは敗戦前の危機のくりかえしになる。もうひとつの類似性は立憲主義を否定するために愛国主義に向けて道徳的・心理的要素を動員する点にある。教育基本法の改正、道徳教育の教科化、日の丸・君が代強制など教育面での愛国心育成と、その方向でのメディアの動員という面では、戦前の国体教育と国家総動員の恐ろしさが思い出される。

しかし今日の希望は戦後の「平和憲法」が、主権者の間にそれを支える運動の基礎を育んだ点にある。最初に憲法前文の平和的生存権を法廷で取り上げたのは一九七三年長沼ナイキ訴訟札幌地裁判決であった。このときは一地域の原告で下級審の判決だけであったが、二〇〇八年の自衛隊イラク派兵差止請求控訴名古屋高裁判決の場合には、多くの訴訟が多数の原告によってなされた。その中で得られた判決では、平和的生存権を「全ての基本的人権の基礎にあ」るものと位置づけている。戦後に勢いづいた大衆運動の面でみると、六〇年安保闘争の中核となった労働組合はもはや動員力を失っているが、それに代わって権力の軍事化に抵抗する新しい運動が生まれている。常に一人称単数で自分の意見を述べた「SEALs」(自由と民主主義のための学生緊急行動)、憲法を主題として地域の「憲法カフェ」で対話を進める「あすわか」(明日の自由を守る若手弁護士の会)、そして「だれの子どももころさせない」と世代を越え、国境を越えた平和の実現のために権力を規制しようとする「ママの会」(安保関連法に反対するママの会)などである。二〇一六年参院選ではこうした市民の連合が野党統一候補を支持し、かなりの成果をあげた。

このように同調性による動員ではなく、個人の理性的判断による運動は日常的な対話を基礎に徐々に広がっている。危機を叫んで短期的解決が与えられることを期待すると、不安を排外主義による権力強化の方向に誘導される危険性がある。個人を基礎にする対話を通じての連帯で持続的に着実に浸透する形で運動を広げることによって、主権者としての責務を果たすこと、これこそが立憲主義を護る一番確実な方法だと信じる。

いしだ・たけし 一九二三年生。政治学者。『日本の政治と言葉』(上下)、『ふたたびの〈戦前〉――軍隊体験者の反省とこれから』ほか。

石田雄

II

永井愛
仁藤夢乃
保坂展人
打越さく良
想田和弘
大田堯
池内了
山口智美
島薗進

学校、職場、そして報道の現場で、いま

永井 愛

私は一九五一年、憲法施行から四年経った頃に生まれました。子どもの頃は憲法がどれぐらい大事なものなのか、実感することもなく育ちました。憲法を意識したきっかけは、父(画家の永井潔)がアトリエのドアに日本国憲法を貼っていたことです。戦後しばらく経ち、改憲の動きが強まっていた時期だったはずです。この人にとって日本国憲法というのは大事なんだな、と思ったものです。父は徴兵されて戦争に行き、戦闘で負傷して死にそうになっています。治安維持法で逮捕されてもいますので、思想信条の自由や戦争放棄への思いは強かったと思います。

私自身が日本国憲法に意識的に関わったのは、二〇〇五年に『歌わせたい男たち』という作品を書いたときです。公立学校の式典での日の丸・君が代の強制と、従わない教師たちに対する「職務命令違反」という名目での処分にショックをうけて、どういうことが起きているかを芝居にしました。その後、二〇〇七年に「非戦を選ぶ演劇人の会」による「ピースリーディング」と

して、『9条は守りたいのに口ベタなあなたへ…』というSF仕立ての芝居を書きました。

二〇〇七年の初演当時は第一次安倍内閣でした。安倍さんは憲法について意識させる人です。国民投票法が成立したのが第一次安倍内閣で、その後、政権は自滅して危機は去ったかにみえましたが、また登場して、今度はここまでやってきている。九条はすでに一時的に骨抜きにしたうえで、次は緊急事態条項です。これは全権委任法のようなものでしょう。さらに新・共謀罪を進めようとしている。これらが揃ったら、もう何でもできてしまいます。不思議なのは、安倍さんの法案には反対の人が多いのに、選挙では票を入れることです。こんな矛盾した行動をなぜとるのか。法案が支持できない政府は、とても危険な政府でしょう。それなのに経済問題で支持する。

どうしてこうなってしまったのか。長い間のさまざまな部分での骨抜きが大きな要因ではないでしょうか。ひとつは学校です。日の丸・君が代の強制によく表れているように、学校というところが憲法を教える場所ではなくなりました。それどころか、むしろ表現の自由や思想・良心の自由を教えると教育委員会からお咎めを受けるようになってしまった。そういう先生をみて育つ子どもたちが大人になったとき、どうなるでしょう。それから、部活動における信じられない体罰、暴力の問題もある。そんな環境にいる子どもたちに、個人の尊重とか思想・良心の自由とか基本的人権とか言っても通じません。そういう価値とはぜんぜん違う環境で生きているわけですから。体罰は当たり前、自分の意見もろくに言えず、卒業式や入学式では処分される先生をみている。そうやって学校自体が骨抜きにされているんです。

職場もそうです。ブラックな職場で働けば、個人として尊重されるということを知ることがないし、経験する機会もない。芸能プロダクションが所属する女性タレントに恋愛を禁止して、恋愛すればルール違反とされ、丸刈りになってお詫びした人もいた。おそろしいことです。

もうひとつ大きいのが報道の問題です。ジャーナリストの仕事の重要さを、今回『ザ・空気』という芝居を書いて初めて理解しました。

日本の報道は、国民に知らせるべきことをどれだけ知らせてきたのでしょう。二〇一六年四月、国連「表現の自由」特別報告者のデビッド・ケイさんが日本の記者たちに面接をしたところ、政権批判にあたるデリケートな問題は書きにくいので書かない、政府批判に消極的なトップの意向を忖度する。――多くのジャーナリストがそう告白したわけです。それをもって彼は、日本では報道の独立性が重大な危機に直面していると言った。独立性と自由は密接に結びついています。

安倍政権の支持率が高いのは、相当に報道の自由がなくなっているなかで、政権に都合の悪いことが報道されていないからではないでしょうか。森友学園の問題も、連日トップで追及すべきなのに、まだ腰が引けているメディアがある。安倍首相は火消しを狙うかのようなタイミングで内閣記者クラブのキャップたちと会食しました。その影響がどう出るか？

二〇一五年六月二三日、沖縄の慰霊の日に行われた「沖縄全戦没者追悼式」で安倍首相がスピーチしたときに参列者からヤジが飛びましたが、日本のテレビ局はヤジの音量を下げました。でも、海外では、国のトップにヤジが飛ぶこと自体がトップニュースだそうです。それが民の声であり、民がその人に対してどんな言葉を投げかけたのかということこそニュースになる。ところが、沖縄の式典で首相がヤジられたことを報じた海外ニュースに対し、日本のテレビ局はヤジの音量を下げ、目立たないようにする。もはや習慣となった「自粛・忖度・自己規制」がそこにはあります。

そうした自己規制は、政権与党からの直接・間接の圧力に加えて、メディア組織内部からの圧力のせいでもあります。首相と「メシ友」になっているトップからの圧力や、政権からのリーク記事がほしい政治部や経済部の記者からの圧力。でも、これは個々の記者に意気地がないというだけの問題ではありません。日本国憲法が保障しているはずのジャーナリストの良心の自由を守るような制度が、メディア内部で整っていないことが問題の根本にあります。

ひとつは編集権です。一九四八年に、皮肉にも日本国憲法をもたらしたＧＨＱの指導のもと日本新聞協会が出した「編集権声明」に、「編集内容に対する最終的責任は経営、編集管理者に帰せられる」とあります。けっきょく現場の記者やテレビ番組の制作者には最終的な編集権がないので、経営トップから最終的な圧力をかけられたときに内容を変えざるをえない。変えないと業務命令違反になります。学校の先生の場合と同じ構造です。

もう一つは放送法。政治的公平性原則をうたう放送法第四条は法規範ではなく、報道機関の自主的な努力義務を述べる倫理規範であって、権力に介入させず、権力から放送の自由を守るためにつくられたものです。戦争中、ラジオが国策に利用されたことの反省に立っている。ところが、それをいま政府が逆手にとって、放送法四条を法規範だとして、電波法七六条にもとづき政治的公平性に欠ける場合は電波停止命令を行なうかもしれないと圧力をかける。でも、電波の許認可権を行政府の総務大臣が握っていること自体が相当におかしなことではないでしょうか。政府というひとつの政治的立場が公平か公平でないかを判断するのは大問題で、他の民主主義国ではみな独立した委員会が判断しています。

電波の許認可権を総務大臣が、メディアの編集権を経営者が握る。日本のジャーナリストが自由になれないこと、日本のジャーナリストが個人の尊厳や良心の自由を守れないことの根本的な要因がそこにあると思います。また、メディア同士の横の連帯がないこともその理由です。朝日新聞が叩かれたときに、みなこぞって朝日を叩いたばかりか、そうやって部数を伸ばそうとしたメディアまであった。もちろん、排他的で横並びの記者クラブ制度の弊害もあります。

国民が主権者として本当にふるまえるかどうかは、メディアの影響がとても大きいのです。国民の思想・良心の自由が守られるには、それこそジャーナリストの思想・良心の自由が確保されていないと話になりません。

憲法を語るときに、個人対政府のような対立項で考えがちです。でも、そうではなく、個人と国家のあいだには、学校が、報道が、そして職場がある。それらこそが、逆に、個人を、憲法で保障された権利と出会わせにくくしています。その構造を読み解いていかないかぎり、お題目的なことを唱えても誰もついてこられないのではないでしょうか。なぜ安倍首相がこれほど支持されるのか。私もずっとわからなかったのですが、野党がだらしないとか、左派のエリート主義のせいとかいった理由だけではないのではないか。そうした問題の前に、一般の人が働き、住む場所、空間、そこで何が起きているかということ、そこから考えたほうがいいと思います。それらこそが、日本国憲法とは無縁な、ある種の超法規的空間になってしまっているのですから。

ながい・あい　一九五一年生。劇作家、演出家。作・演出作品に『こんにちは、母さん』『ザ・空気』ほか。

永井愛

変えるべきは社会

仁藤夢乃

中高生だった頃、私は、家庭が荒れ、街を徘徊する生活を送っていました。家族と顔を合わせれば暴力が飛び交い、殺すか殺されるかしかないと思った日もありました。家が安心して過ごしたり眠ったりできる場所ではなかったので、いつも体がだるく、学校では授業中の居眠りや遅刻が増えました。大人たちから諦められていると感じ、「死にたい」と願う日々でした。

街では、同じような状況にある人々と出会いました。自動販売機の下に小銭が落ちていないか探し、ビルの屋上に段ボールを敷いて一夜を明かしたこともあります。そうした子どもが「不良少年」「非行少女」という文脈で語られる度、「私たちにも事情がある」「本当は家にいたいのに」と思っていました。繁華街で少年補導が厳しくなる中、住宅街の公園のベンチで隠れるようにして朝を待ちました。高校を中退し、「これからどうすればいいのか」と不安を抱えていたとき、街やインターネットで声をかけてくるのは、未熟さや性を狙う大人ばかりでした。

私は今、虐待や性暴力被害に遭うなどした少女を支える活動を行っていますが、今でも状況は変わっていません。ある中学生は、父親に殴られ裸足で家を飛び出した真冬の深夜二時ごろ、男に声をかけられました。事情を話すとコンビニでおにぎりを買ってくれ、手を握られて、「怖くて抵抗できなかった」と言います。その後、男の家で強姦されたのが、初めての性行為でした。彼女は「声をかけて来るのは、そういう人だけだった。寝たくてもどこで寝たらいいかわからないし、頼れるのはその人たちだけだった」と言います。

性的虐待を受けて妊娠した少女が、妊婦専門の風俗店で売春して働き、出産後も「母乳」を売りにして性売買に縛られるしかないと思っていたことや、障害のある少女が狙われて性的搾取されているケースもあります。困っている子どもが、支援につながる前に危険に取り込まれているのです。

私は憲法について、ほとんど知らずに育ってきました。学校で習った記憶がうっすらとあり、路上で仲間と「最低限の生活って、どこまで堕ちればいいんだろう。誰が保障するんだろう」と話したことがあります。今は、たとえば生活保護制度上は、最低限の生活に必要な生活費が定められていて、利用する権利があることや、虐待を受けた子どもの保護などについて、制度のことはわかってきました。しかし、実際には様々な理由からそれを利用できなかったり、利用させてもらえなかったりし、制度からこぼれ落ちた子どもたちと出会っています。

活動の中で、シェルターでの一時保護や食事・衣類・風呂などの提供、児童相談所や警察、役所、医療機関などへの同行支援を行っていますが、大人への不信感を抱えた子どもは公的支援を受けることに高いハードルを感じています。夜の街で声をかけた少女に「保護じゃないよね？」と、怯えた様子で言われることもあります。子どもを守るはずの機関で不適切な対応をされたり、大人に傷つけられたりした経験から、子どもたちにとって「保護」が恐れる対象となっていることがあるのです。

私は、高校中退後に出会った大人たちが、子ども時代に戦争や貧困を体験し、憲法を大切に思っていることを感じていました。しかし、それが自分に関係のあることだと気づいたのは、最近です。安保法制について「解釈改憲って何？」と思った二〇一三年頃、憲法がどんな時代にどのようにしてできたのかや、憲法は国民が守るものではなく、国民の権利を守るものであること、国に対してやっていいこととといけないことの線引きをしているのだということを知り、権力者が都合よく中身や解釈を変えてしまったら……と怖くなりました。

今、私が出会っている中高生の中に、憲法は権力を縛るものであることや、二五条で「すべて国民は、健康で文化的な最低限度の生活を営む権利を有する」とするだけでなく、国の責務について、「国は、すべての生活部面について、社会福祉、社会保障及び公衆衛生の向上及び増進に努めなければならない」と規定していることを知っている人はほとんどいません。そんな中、憲法について学ぶ機会を持てなかったり、孤立・困窮したりしている人たちがさらに追い込まれるような改憲草案が出されていることに危機感を持っています。

特に、自民党による改憲草案第二四条に「家族は、社会の自然かつ基礎的な単位として、尊重される。家族は、互いに助け合わなければならない」とあることを知ったとき、ぐったりしました。私は、家制度的な家族観から脱し、片親家庭やステップファミリー、里親や養子縁組、同性婚など血縁に縛られない、多様な「家族」を社会が受け入れ、家族という単位に縛られずに人々が支え合えるような社会になればと思っていますが、これはその反対です。弱者へ寄り添う目線がなく、「家族」に自己責任を押し付けるような一文です。もちろん、家族が助け合える関係性や状況があるに越したことはありません。しかし、憲法で規定すべきは、家族の助け合いが難しい状況にある人の生活も保障する国の責務と、一人ひとりの「助けを求める権利」であるはずです。

変えるべきは憲法ではなく、社会です。社会のほうにこそ問題があるのです。憲法について「難しいことはわからない」と思っている人が、私の周りにはたくさんいます。人々が黙っていくことを好都合に思うのは、権力者たちです。

日本国憲法第一二条には、「この憲法が国民に保障する自由及び権利は、国民の不断の努力によって、これを保持しなければならない」とありますが、自由や権利が奪われた状態にある人は、その「努力」をする力も奪われていることが多いのです。そうした人に寄り添い、ともに議論し、すべての人が「自分には権利がある」「助けを求めていいんだ」と感じられる社会にするために、憲法を使っていきたいのです。

にとう・ゆめの　一九八九年生まれ。一般社団法人Colabo代表。著書に『難民高校生――絶望社会を生き抜く「私たち」のリアル』『女子高生の裏社会――「関係性の貧困」に生きる少女たち』がある。

憲法は使うもの

保坂展人

「私にとっての憲法とは」と問われると、「使うものだ」という感覚が真っ先にくる。それは、少年時代からの経験によって刻みこまれているからかもしれない。中学三年生の頃に、授業中に呼び出されて、「表現の自由」について教師と議論を続けながら形成されてきた感覚だと思う。

私は一六歳の時、高校進学時の内申書をめぐって、「内申書裁判」の原告となった。中学校が作成した内申書には、「ベトナム反戦の集会に参加した。学校で禁止されているチラシ・新聞を作成・配布し続けた」等と、中学生だった頃の私の思想・信条にかかわる行動や評価が詳細に記述されていた。内申書が原因で、当時、受験した全日制高校五校を、次々と不合格になった。

この事実はメディアにも大きく報道され、当時の中学生の親たちや私の両親、教育学者・文化人等が何度も会合を持ち、内申書裁判を提訴することになっていく。

訴えにおいて、私は、内申書でこのような記述がもし許されるのであれば、「内申書制度そのものが違憲ではないか」と問題提起し、一九七二年から一九八八年までの一六年間争った。

東京地方裁判所判決は、私(原告)の完全勝訴だったが、その後、東京高等裁判所で逆転敗訴、最高裁判所では上告棄却となって敗訴が確定した。

ここ十数年ほど、若い弁護士に会うと、「あっ、あの判例の方ですか」と珍しがられる。内申書裁判はたびたび司法試験に出題され、大学の法学部の授業では「憲法判例」で紹介されるという。判例に登場する人は亡くなっている場合が多いから、「生きている判例の人がいたんだ」と言われる。

私は、事情があって、何とか入学することができた定時制高校も中退する。従って、大学などで体系的に憲法や法律を学んだ経験はない。ただ、「門前の小僧習わぬ経をよむ」如く、月一回開かれる内申書裁判の弁護団会議が、私の憲法学校となった。ベテラン、中堅、若手の三世代にわたる弁護団と憲法学者や教育学者も加わっての議論に耳をそばだて、幼いながら自分の意見も述べた。

中学三年生の頃、私は教師たちと果てしない議論をしていた。後に内申書に記載されたように、当時の私は、ベトナム戦争や被差別部落等の社会問題を取り上げる新聞を執筆・編集・印刷して自力で発行し続けたが、学校側はこれを制止しようとしていた。

「いいか、心の中で何を考えるのかは君の自由だ。ただ、それを文字に書いたり、言葉にして話したりすると、未熟な中学生が影響を受ける。だから、新聞発行は許されない」と、教師は私に説諭した。これに対して、「社会的、あるいは政治的な意見を表明し、発表することは憲法で認められた表現の自由だ」と反論していたことを覚えている。

「表現の自由」や「内心の自由」に触れて、後に衆議院の法務委員会で丁々発止議論するようになったことには、こうした原体験も大きく寄与している。

私は、一九九六年から二〇〇九年までの間、衆議院議員を務めた(二〇〇三〜〇五年の落選中の一年半を除く)。議員としての仕事の場は、主に一一年間ずっと法務委員会だった。大きく報道された法案審議では、一九九九年の「盗聴法」(通信傍受法)や二〇〇五〜〇六年の「共謀罪」に深く関わり、「通信の秘密」や「内心の自由」について、踏み込んだ議論を展開してきた。

そして、衆議院議員になってまもなく私が取り上げたのは、最高裁判所が民事裁判の当事者に判決日を予告せず、「裁判の公開」(憲法八二条)に反しているのではないか、という点だった。

内申書裁判が、最高裁判所によって上告棄却されるその時に、私は支援者と共に最高裁の小法廷にいた。判決日は最高裁事務総局によってメディア側のみにそっと数日前に知らされていた。

大法廷を開かない民事訴訟の当事者には、一切の予告なしに傍聴席は無人のまま判決が出されていく光景が通常だった。私の場合は、前日夜にメディア関係者の情報を分析して、間違いなく判決が出ると察知したので、支援者と共に先回りをして傍聴席に向かったのだった。通常、当事者が傍聴することのない最高裁判所では、入廷を許可するかどうかでも一悶着あった。さらに、法廷に入った私は、裁判所職員によって「被告席」に案内され着座した。裁判長が判決を読み上げる前に気づき、「ここは被告席です」と告げて、「原告席」に座り直すという場面すらあった。つまり、それほど当事者が法廷に入るのは異例だったということだ。

「裁判の公開」に照らして、憲法違反ではないかと感じた。なぜなら、メディア関係者は数日前から裁判の争点から訴訟の経緯等をあらかじめ調べて、おおよその予定稿を作成している。私は一六年に及ぶ訴訟に多くの時間と労力をかけてきた。他の裁判の原告も、同様に苦労を重ねているはずだ。にもかかわらず、肝心の判決日が予告されていないので、メディアの不意打ちにあい、判決後にマイクを向けられる。私の場合は何とか判決を傍聴することができたが、何の準備もなく、場合によっては室内着のまま「驚いた顔」ぐらいしかできないのが普通だ。

法務委員会の委員となって、この体験の不条理を最初に質問した。最高裁判所側は「大審院以来の扱いでございます」と木で鼻をくくったような回答をしたが、次の瞬間に扱いを変えると言ってきた。「昨日、裁判官会議を開いて、これからは民事訴訟においても判決日を通知することにします」との答弁がかえってきた。これが、国会で「憲法を使う」という体験の始まりだった。

「国権の最高機関であって、国の唯一の立法機関」と呼ばれる国会でも、政府側にどのように質問しても馬耳東風で、「資料がない」「調査中」等の答弁で煙幕を張られることが多かった。「憲法を使う」という感覚をさらに磨いたのは、憲法学者出身の土井たか子元衆議院議長の教えによってだった。

土井さんと言うと「護憲」のシンボルのように、かたくなに「憲法を護る」というイメージが持たれているが、身近に国会での仕事を見ていると「憲法を使う」という姿が私にとっては印象深い。とりわけ国民の権利について、日本国憲法が明記している地平は、不断に再確認し、政府にむかって問いかけ、新たな前進を期するべきものだという信念が政治家としての土台にある人だった。私は「門前の小僧」として憲法学校に学んできたのだと思う。憲法は使うもの、使わなければ磨かれないと、八九万人の人口を抱える世田谷区長としても、これを信念としている。

ほさか・のぶと　一九五五年生。世田谷区長、ジャーナリスト。『脱原発区長はなぜ得票率六七％で再選されたのか？』『相模原事件とヘイトクライム』ほか。

保坂展人

飾っておくものではなく、差別を解消するツールとして

打越さく良

私が憲法に出会ったのは、中学生のときだったと思う。感動して何度も繰り返し読み、「暗唱」できる域に達していた。中でも「お気に入り」の条文は、前文、一一条、一二条、九七条。崇高な理念に打ち震え、現在のそして将来の国民の基本的人権の保持のために「不断の努力」に励まねばと堅く決意し、基本的人権が享受できるのも、人々が闘ってきたその歴史があるからだっ、私もその歴史に貢献したい、と拳を握りしめる……。我ながら、うっとうしい(笑)。

その後、司法試験受験生として、憲法訴訟を学ぶようになり、「違憲性を真正面から問いかけても勝ち目はそうはない?」と気づいたが、憲法の理念を現場で活用することもできるはず、と楽観的であった。各憲法訴訟を遂行した弁護団の血のにじむような労力を想像することはできなかった。

弁護士になって一〇年を過ぎた頃、ようやく憲法訴訟を遂行することになる。夫婦別姓訴訟である。

結婚もしたい。でも自分の姓でもいたい――。選択的夫婦別姓制度であれば、同姓にしたいカップルは同姓に、自分の姓のままでいたいカップルは別姓になることができる。後者にまで、「同姓にしろ。いやなら結婚を諦めろ」という民法七五〇条は、あまりに不寛容である。

民法七五〇条は「夫の氏」ではなく「夫又は妻の氏」としているが、多くの女性たちは、女性である自分の方が改姓しなければならないと感じている。なぜ？「「結婚」は夫の家に入るもの」といった家意識がまだ根強いのだ。男女の賃金格差を背景に、経済的に夫に依存することが目に見えていると、「自分の姓のままでいたい」と言うのを遠慮してしまう。個々のカップルの「選択」の背景には、長年の家制度による差別意識も残存している。実際、毎年婚姻する夫婦の一〇〇％近くが夫の氏を「選択」する。それぞれの夫婦で話し合った結果、たまたまこうなっている？そんなわけがない。だいたい、真摯な話しあいなどしないで、なんとなく決めてしまうカップルがほとんどではないだろうか。「姓を同じくせよ」という民法七五〇条の要求が女性への差別を露呈させるがゆえの結果なのである。家族は「個人の尊厳と両性の本質的平等に立脚して、制定されなければならない」とする憲法二四条が、そんな差別を是認するわけがない。

二〇〇九年に民主党政権が誕生したとき、これで選択的夫婦別姓が実現する！とうれしかった。ところが、期待は裏切られた。そんな折、半世紀にもわたり自分の姓で婚姻できないことに悩んできた七〇代の塚本協子さんと出会い、彼女の「私の名前で逝きたい」という思いに突き動かされた。他にも手をあげてくれた原告たち、弁護士たちが集まり、二〇一一年、民法七五〇条が違憲であり女性差別撤廃条約に違反しており、この条文を長らく放置している立法不作為による国家賠償責任を問う訴訟を提起した。

どれだけ時間をかけただろう。膨大な文献を読み解き、研究者に意見を聴き、弁護団内で、裁判官を説得しきる論理をどうしたら展開できるか、検討を重ね、書面にする。自分の姓のままで結婚できない苦しみを綴った陳述書を多数集め、提出もした。

憲法訴訟は、法廷の中の主張だけでなく、世論のバックアップが必要だ。世論を動かすには、運動を盛り立てなければならない。支援者、マスコミ対応、議員対応、どれも懇切丁寧に応じた。特に大法廷に回付されてからは、体がいくつあっても足りない忙しさだったが、ひたすら感謝して取材を受け続けた。原告たちも、よく取材等に応じてくれた。長年選択的夫婦別姓実現を希求してきた女性たちも支えてくれた。盛り上がる機運の中で、私たちの「不断の努力」でいよいよ！と高揚した。二〇一五年一二月一六日の最高裁大法廷判決前までは。

大法廷判決の問題点はここでは書かない（「別姓訴訟を支える会」のウェブページ中の弁護団声明「最高裁判決を受けて」、榊原富士子団長の「大法廷判決について」をご一読いただきたい）が、一九九五年の婚外子相続分差別規定を合憲とした最高裁大法廷決定の一八年後、二〇一三年に違憲判断が下されたように、いずれこの不合理な判断は変更されるだろう。

一五人の裁判官のうち五人は、民法七五〇条は憲法二四条に反する、と判断してくれた。

ところが、この二四条を変えてしまおうという論者がいる。たとえば、日本会議政策委員の百地章日本大学教授は、選択的夫婦別姓に反対するとともに、憲法が「親、子、孫と続く家族共同体の大切さがないがしろにされている」と個人の尊重よりも縦のつながりを重視し、単位としての家族を尊重することと、家族内で「助け合わなければならない」とする一項を二四条に新設したり、「婚姻は、両性の合意のみに基づいて成立し」から「のみ」を省いたりしてしまう自民党改憲案を高く評価する(毎日新聞、二〇一六年七月九日付け朝刊)。

女性を個人として尊重せず、差別した家制度へ回帰する志向が、選択的夫婦別姓を阻止し、二四条改憲を目指している。そんなこと許すまじ。二〇一六年、「二四条変えさせないキャンペーン」を立ちあげ、私は呼びかけ人の一人となった。

ただ一人国家賠償も認めてくださった山浦善樹最高裁元裁判官は、判決が読み上げられた瞬間に失望の表情を浮かべた原告や弁護団に、法壇の上から声をかけたい衝動にかられた、という。「あなたは多くの人を勇気づけましたよ」と(朝日新聞デジタル二〇一六年一一月二四日、市川美亜子記者)。この記事を読み、山浦元裁判官だけでなく、多くの人から、ねぎらわれたような気持になった。訴訟を通じて、憲法は高尚な建て前として飾っておくものではなく、現実にある差別や人権問題を解消するツールとして活かせる、と実感した。そして、憲法を大切にしたいと考えているたくさんの人と出会い、孤立していない、ということも知り、勇気づけられた。絶望しないで、憲法を活かして闘い続けたい。

うちこし・さくら　一九六八年生。弁護士。著書に『レンアイ、基本のキ――好きになったらなんでもOK?』『なぜ妻は突然、離婚を切り出すのか』ほか。

憲法は「スローガン」ではなく、「武器」である

想田和弘

去年の参議院選挙の際、初めて投票する一八歳の若者からの質問に紙上で答えるという企画を大手新聞社が企画し、僕も「大人」のひとりとして回答を求められた。僕は自分が投票先を選ぶ際の基準について論じ、原稿を次のように結んだ。

「僕の場合、悪法に賛成した人や政党には入れません。個人の人権や多様性、憲法を大切にしない人や政党にも入れません」

ところが原稿を読んだ新聞社の担当編集者からは、「憲法については記載しないか、言い方を変えてもらえないか」と返された。憲法は選挙戦の隠れたテーマであり、「選挙期間中に若者を誘導している」と揚げ足をとられる可能性があるから、というのが理由だ。

同社は伝統的には権力の監視を担ってきた、リベラルな新聞社である。僕はびっくりして、メ

ールで次のように反論した。

「憲法について削除することには同意できません。議員には憲法遵守の義務が課せられていま す。すべての議員や政党は憲法を大切にしなければならないのです。したがって「誘導」だとい う批判は的外れですし、また、もしそれが「誘導」だとしても、それの何がいけないのでしょう か。選挙期間中だからこそ、報道機関は自由に政策や政治について語るべきでしょう。とくに安 倍政権の憲法を踏みにじるような政策や行動が問題になっている以上、それについてむしろ掘り 下げた報道をすべきではないでしょうか。自主規制やバランス主義はメディアにとっては自殺行 為だと僕は思います。御社まで大手テレビ局みたいになってしまっては、日本は終わりです」

結局、「誘導」批判を回避するため、最後に「皆さんも自分の価値観に照らし合わせて投票先 を吟味してほしいと思います」との文章を加えることで合意し、憲法への言及は残すことができ た。しかしこの出来事は、現在の日本の状態を象徴する「事件」として、僕の中に苦い後味を残 した。

まず印象に残ったのは、日本国憲法第二一条で保障されているはずの「言論の自由」が、驚く ほど後退しているということである。

担当の人は、安倍政権や自民党、そして彼らの支持者たちから記事に難癖をつけられるのを恐 れて、表現の変更を求めたのだと思う。僕からすれば、四〇〇字に満たぬ小さな記事に彼らがいちいち反応するとも思えないのだが、そのありえぬハレーションを想像し、恐れ、自主規制しようとしたのだろう。あえて厳しい言い方をするならば、「臆病」という名の病気にかかってしまったのである。

しかし病気にかかっているのは、何もこの方だけではない。最近の大手メディアの、安倍政権に対する腑抜けた報道を眺めていると、今やそれは「流行病」の感がある。

思い出していただきたいのだが、憲法第二一条のおかげで、安倍政権は政権批判をした新聞社やテレビ局を閉鎖したり、ジャーナリストを投獄したりすることはできない。しかし日本では、報道機関や記者が権力者の意思を自分から忖度し、萎縮し、批判をやめてくれる。権力者にとってはちょろいものである。

秘密保護法をめぐる議論では、処罰の対象者がジャーナリストにも広がることから、調査報道がしにくくなるとの懸念が持ち上がった。しかし秘密保護法などなくても、ちょいと脅かされるだけで黙ってしまう人が、実は大半のようにみえるのだ。

改めて痛感されるのは、いくら立派な条文が憲法に書かれていたとしても、主権者やメディアがそれを「権力者を縛る道具」として活用し、為政者に遵守させようとしないのであれば、憲法など何の意味もないということである。

実はこの辺りに、日本の「護憲運動」の問題の核がある。

日本で「護憲」と言えばこれまで、ほとんど自動的に「第九条」のことを指し、しかも「条文の文言を変えさせない」という意味で使われることが多かった。だから日米安保条約が結ばれようが、自衛隊が組織されようが、海外派兵が行われようが、安保法制が通ろうが、条文の文言を変えられてしまわない限り、護憲派は「憲法を護れた」気になっている。だからこそ護憲派の中には、憲法九条を「世界の宝」としてノーベル平和賞に推そうという動きもあるのであろう。

だが、自衛隊がアメリカの戦争に参加する傍ら、憲法九条の文言が一字一句書き換えられていないからといって、いったい何を誇るというのであろう。繰り返すが、主権者が権力者を縛る道具として活用しない限り、憲法の条文など、単なるスローガンか美辞麗句にしかすぎない。それ以上の意味はないのである。

だから僕はみなさんに強く提案したいのだ。憲法を活用することを。私たち主権者の「武器」として使うことを。

それは別に、大げさなこととは限らない。むしろその闘いは、日々の小さな営みの中にこそあると信じる。

僕は新聞社から文言を変えるように頼まれたとき、波風を立たせるのも億劫なので「憲法」の二文字をおとなしく削除しようかと、一瞬だけ考えた。先述したように、四〇〇字に満たない、小さな小さな文章である。二文字を削ったところで、別にどうということもない。

しかしそこで「不戦敗」を選んで二文字を削るのであれば、日本の「言論の自由」は二文字分だけ後退することになる。それを許すのかどうか。私たち一人ひとりに問われているのは、まさにそのことだと思うのである。

なぜなら主権者の全員が、そしてすべてのジャーナリストが二文字分だけ後退したら、いったい日本の「言論の自由」は何文字分後退するのであろうか？　そして二文字を守れない、もしくは守ろうとしない人間が、どうしたらより大きなものを守れる道理があるというのであろうか？

日本国憲法第一二条には、次のように記されている。

「この憲法が国民に保障する自由及び権利は、国民の不断の努力によって、これを保持しなければならない」

憲法の形骸化を防げるのは、私たち一人ひとりによる「不断の努力」以外にないと信じている。

そうだ・かずひろ　一九七〇年生。映画作家。『日本人は民主主義を捨てたがっているのか？』『熱狂なきファシズム』ほか。監督作品に『選挙』『精神』ほか。

想田和弘

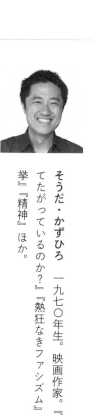

私の憲法と学習権

大田　堯

私は、大日本帝国憲法のもと、一九一八年に生まれ、誕生から思春期を経て、二七歳で敗戦、二八歳で新憲法に接する。旧憲法は五七年間にわたって存在したが、そのうちおよそ三〇年間、私は帝国臣民の身分にあった。心身ともに臣民意識が染みとおるのに充分な社会的環境にあった。

現憲法ができて三〇年後の出来事。時代は経済成長のさなかの或る暑い夏の日、ごみ置き場の当番にあたった。ちょうどお盆の直後で、ごみ置き場は生ごみなどで巨大な山をなしていた。私がごみを整理しているところへ、近所の中高年がらみの人物がきて、そのごみの山を見上げながら、「センセイ、日本はどうなるでしょう」と、私に同感を求めるように問いかけてきた。私はとっさに「滅びるでしょう」と答えてしまった。国民主権の憲法のもと、「どうなるか」という問いに、「どうするか一緒に考えましょう」と答えるべきだったはず。

しかし、その現憲法も人びとによってつくられたもの。必ずしも完全ではない。特に、第一章「天皇」は、天皇制と民主主義の「と」をめぐって、日本人の創る国がらにかかわる大問題、これについては他の専門家に託すこととする。私は教育研究者として憲法を考える。第二六条には「すべて国民《ひとびと》は、法律の定めるところにより、ひとしく教育を受ける権利を有する」とある。教育は「受ける権利」ではなく、「すべての国民《ひとびと》は学習権を保障する教育への権利を有する」とすべきだと考えている（ルビと傍点は筆者、以下同）。

　ここでいう学習権の学習とは、食事や呼吸とおなじく、情報を自ら獲得したり、発信したりする営みである。いわば脳・神経系の行う新陳代謝の一つであり、人間が生きつづけていくうえでの生存権の一部、基本的人権のことをいう。子どもは生まれると同時に情報の新陳代謝を始める。情報は姿、形のないものだが、それなしには生きること、成長、発達すらもありえない。

　教育はその天賦の学習力、生命の根源的自発性を補助する技《アート》である。したがって、上から与えられ、受けるものではなく、むしろその子その子（大人）に与えられたユニークな学習力に寄り添って、ひびき合い、「ひとなる」、一人前になるのを助ける重要な役柄を果たすものである。めいめいが自分の学習力の流儀で、教育を選び取る権利が保障されなければならない。それが「学習権を保障する教育への権利」だということになる。マララさんがテロへの唯一の武器として使った、エデュケーションの訳語としての教育は、この生存権としての学習権の保障を求める「教育」なのである。

今日では、我が国の最高裁も、一般に国民の教育権か、国家の教育権かと争われた裁判で、「教育の権能を独占的に所有するものは誰もいない。先ずは子どもの学習権」だとしている(旭川学テ訴訟大法廷判決)。ユネスコの学習権宣言に先立つこと、九年前の一九七六年である。そうであれば、現憲法の文言に用いられている教育の「教」の字も、かつて臣民に与えられた、お上《かみ》、国家からの教化の「教」とは意味内容を異にしたものでなければならない。

「教」という漢字について、紀元百年頃につくられた中国の著名な『説文解字』には、「上から下の者に施すこと、下の者は上の者に倣《なら》う」とあり、これに「育」の字をつなげて、「教育」となっている。教育は代々の中国王政の社会的統制原理であった儒教により、二〇〇〇年にわたって用いられてきた言葉である。教育はお上のものとする東アジア的通念として深く浸透し、新憲法のもとでも、我が国の臣民意識の根深さを、私自身の内面を含めて、感じざるをえない。

大日本帝国憲法には、教育についての言及はまったくなかったことをご存知だろうか。何故か。実は軍事とともに教育は、神格天皇の直接統制のもとにおかれ、軍人勅諭とともに勅語により、教育の基本方針が示され、あとは「勅令」によって、議会決議を経ることなく、天皇の命令のもとに執行されたからだ。

ところで、第一次安倍政権は、現憲法の改定の手始めとして、まず教育基本法（一九四七年制定）の改定を強行し、成立させてしまった。それまでの教育基本法は、現憲法の基本理念を要約した長い前文からなっていた。しかし、改定後は「教育の目標」に郷土愛、愛国心など、現政権好みの愛の価値感情にまで立ち入る恣意的な追加がある。つづいて諸条項の改定が行われ、「教育は国民全体に対して直接責任を負って行われるべきもの」という趣旨から、行政は教育の「条件整備に努めるべき」とあった条項を、この基本法の締めくくりとなる第一〇条から削除し去るという暴挙にあえて及んだ。

のちに特定秘密保護法や安全保障関連法の憲法解釈に対して、「異議あり」として世に問うたメディアも、一般市民も、憲法違反ないし解釈違反ともいうべき旧教育基本法の改定にはほとんど関心を示さなかったことには、私たち教育研究者は、〝切歯《せっし》扼腕《やくわん》〟の感を覚えたものである。

なお私自身は、もともと教育基本法は必要としないと、考えている。必要なのは、教育条件整備基本法である。その前文は、「我が国の教育は憲法の精神による」の一行ですむ。その次に、一人ひとりの学習権を保障する小さな学校、小さな学級、そして小さな学校区、広く豊かな自然など、政府が行うべき条件整備の要項を列挙するというものだ。

教育研究者として、ただ一点、現憲法条項に訂正を求めたものの、現実は、モノ・カネに重点をおいた経済成長政策によって、全人類の人間関係の破綻が、世界的規模でもたらされている。

私は、現憲法の基本理念、国民主権、基本的人権に加えて、徹底した平和主義(第九条)と生存権としての学習権の確保こそが、それに歯止めをかける強力な防波堤足り得るものだと確信する。

おおた・たかし 一九一八年生。教育研究者。『教育とは何か』『大田堯自撰集成』ほか。

「日本国憲法の精神」を蘇生させるために

池内 了

私は一九四四年生れだから年代からは戦中派ということになるが実際には戦後派で、その上晩熟《おくて》の人間であったから、政治について覚えている最初は、小学校二年(一九五二年)のとき、サンフランシスコ条約によってようやく日本が国際社会に復帰できて目出度い、という先生の言葉である。既に朝鮮戦争が勃発し、日本では警察予備隊から保安隊(のち自衛隊)というふうに着々と再軍備が進められていたことについて、ほとんど知らないままであった。それ以後、自衛隊はどんどん強化され、今や軍事費では世界第八位の軍事大国になってしまったのだが、日本の軍国主義化に対してあまり切迫感を持たないまま過ごしてきたのも事実である。平和憲法が空気のように私たちを取り囲んでいて、ゆったり呼吸し続けてこられたからだ。事実、この七一年間私たちは戦争に巻き込まれることがなく、平和を享受できた。その意味で私は戦後民主主義の洗礼を受け、平和主義・国民主権・基本的人権の尊重という現行憲法の恩恵の下で暮らしてきたのである。

特に教育に関して、憲法二六条には「すべて国民は、法律の定めるところにより、その能力に応じて、ひとしく教育を受ける権利を有する」とあり、憲法公布の翌年に公布・施行された教育基本法が戦後の民主主義教育の根幹を成していた。教育基本法の前文には「日本国憲法の精神に則り」と書かれ、民主的で文化的な国家の建設を目指して世界の平和と人類の福祉に貢献するという教育の原点が示されている。教育基本法は二〇〇六年に第一次安倍内閣によって大きく「改正」されたが、この前文の改変は最小限に止められている。


とはいえ、当時の教師たちは戦前の「教育勅語」教育の下で育ったため、真の民主主義教育が実践できたのかどうかは疑わしい。実際、体罰で言うことをきかせる教師が「教育熱心」として評価され、上意下達の弊から自由であった教師は少なかった。かれらなりの努力はなされていたが、国民主権と人権の尊重は中途半端なままであったのだ。そのことが、結局のところ日本には民主主義の精神が完全には根付かなかった理由ではないかと思っている。

もっとも戦前の世代が、戦争が終わったときに抱いた「やっと明るい太陽の輝きを感じた」という思いが、憲法の平和主義を長く支えてきたことは事実である。六〇年安保闘争は人々が武力に頼らない平和を希求していたことの現れであった。平和主義は日本人の心根にしっかり刻印されていたのだ。とはいえ、次第に戦争体験者が少なくなり、学習指導要領の押しつけによる管理教育へと変質して、戦争を許容する雰囲気が強くなったことは否定できない。今や「積極的平和主義」なる軍国主義路線が大手を振る情勢になっているのである。

思えば、日本国憲法が公布されて以来七〇年の歴史は、最初の数年間を除けば、保守政権が現行憲法を実質的に改変する歴史であったと言える。最初が自衛隊の発足で、軍事に頼ることなく説得と交渉で国際的な紛争を解決する丸腰路線は早い段階で潰えることになった。以後、さまざまな分野で「日本国憲法の精神」を裏切る施策が打たれてきた。その典型が教育基本法や学校教育法で、換骨奪胎されて当初の目的から外れてしまった。私は、年額一万二〇〇〇円の学費で国立大学を卒業できたが、今や年間の授業料は五三万五八〇〇円にも高騰し「誰もがひとしく教育を受ける権利」は保障されなくなっている。法人化された国立大学は文科省に隷属するようになって大学の自治は脅かされ、特定秘密保護法・安保関連法・テロ等準備罪(共謀罪)法案は憲法二三条の「学問の自由は、これを保障する」ことを危うくしているのは確かだろう。

このように憲法が蹂躙される状況にありながら安倍内閣の支持率は五〇パーセントを越えており、いつまでも平和の享受が続いていくとの雰囲気が国民の間には強い。人々の多くが事実としての戦争を想像しなくなったためだろう。皮肉なことだが、それは憲法の平和主義路線が定着していたためと言えないでもない。

また、日本は武器の生産や輸出に頼ることなく、平和産業で世界有数の経済大国になり、世界各国の信用を得て貿易立国の道を歩んできた。しかし今、武器の開発・生産・輸出を主とする軍需体制へとシフトさせており、国際的信用を失っていく可能性がある。これが常態になっていくと日本経済は一気に傾き、自滅の坂道を転落することになるだろう。いったんそうなれば、日本経済は大恐慌を来たし、ハイエナのようなグローバル資本主義に食いちぎられることになる。その惨状を前にして、ようやく日本人は憲法の偉大であったことを再認識するのだろうか。

しかし、そのときは手遅れである。そうなる前に日本は目を覚まさねばならない。私は、現憲法を蘇生させ平和主義を回復する希望はまだ残っていると思い、憲法改悪の企てにトコトン抵抗する所存である。

いけうち・さとる　一九四四年生。宇宙物理学者。『科学のこれまで、科学のこれから』『科学者と戦争』ほか。

個人も家族も国家のため？

山口智美

私は日本の社会運動を研究するフェミニストの文化人類学者だ。一九九〇年代後半以降、右派からのフェミニズムへのバックラッシュ（反動）が盛んとなり、必要に迫られて、その動きの主体だった日本会議や関連団体など、保守勢力の調査を始めた。だがバックラッシュのリーダーの一人だった安倍晋三が二〇〇六年に政権を取った後に失速し、バッシングも徐々に収束。二〇〇九年には民主党が政権を取り、バックラッシュは終わったと思っていた。

二〇一二年一二月、安倍晋三が首相の座に返り咲いた。そして安倍や、彼を支持する日本会議や右派知識人など、バックラッシュの主力になった勢力が表舞台に復活したのだ。「女性の活躍」などを安倍は掲げ始めたが、あくまでもそれは経済政策としてであり、女性の人権が打ち出されたわけではなかった。そして日本会議などの右派は安倍政権が成立しているうちになんとしてでも悲願の改憲を、と運動を加速化し始めた。

二〇一四年、アメリカの大学に勤めている私はサバティカルがとれ、夏の終わりから一年間東京に滞在することになった。東京に着いて間もない頃、ある右派団体の集会に出かけた。テーマは憲法改正。一〇月一日に日本会議は櫻井よしこらを代表にフロント団体「美しい日本の憲法をつくる国民の会」を立ち上げ、一〇〇〇万人署名運動を始めるなど、この年はちょうど改憲運動が本格化し始めた時だったのだ。

その集会の講師は部屋を見渡しつつ「憲法だと人があまり来なかったんですけど、最近は変わってきた」とつぶやき、改憲で重視すべきは九条、緊急事態条項、そして二四条に家族保護条項を追加するという三点だと言った。二四条が改憲において優先される項目だったことを私はその時初めて知り、衝撃を受けた。

二四条は個人の尊厳と両性の平等を定めた条文だが、右派はこれを「いきすぎた個人主義」であり、家族崩壊を招く条文などと主張する。自民党改憲案(二〇一二年発表)は、「家族は、社会の自然かつ基礎的な単位として、尊重される。家族は、互いに助け合わなければならない」という「家族保護条項」を加えるものだ。さらに、現行二四条の「婚姻は両性の合意のみに基いて成立」という文面から「のみ」を削除。また新たに「扶養」「後見」などが言及され、「親族」などの文言も追加されている。社会の基本単位が個人から家族になり、家族に助け合いの義務が課されている。婚姻に関しても当事者以外の第三者の意向が入る余地を与え、縦の関係性としての家族が強調されている。個人よりも家族や国こそが優先され、まるで戦前の家制度の復活だ。

さらに右派は国民投票を見据え、世論調査などで改憲に反対する率が高い女性を改憲運動の働きかけの主要な対象と位置付けている。二〇一四年九月には冊子体の本『女子の集まる憲法おしゃべりカフェ』(百地章監修、明成社)を発行。この本を教科書として、日本会議の女性部門「日本女性の会」は各地で「憲法おしゃべりカフェ」などと名付けられた勉強会を開始していた。女性に向けて改憲の重要性をアピールする際にも、二四条を改正して「家族の崩壊」を防ぐ必要があるとか、「家族」を守るために九条を改正すべきなどと、「家族」を打ち出すレトリックが使われている。

私は危機感を持ち、二四条についてツイッターなどで発信を始めるようになった。憲法学者でもない私が憲法について発言するのはどうかとも思ったが、右派の動向を追っている人間として、二四条が優先的に狙われているということを知らせる必要があると思った。その頃から改憲の中心勢力である日本会議に関してメディア記事などが出始めてきたが、ジェンダーや家族をめぐる問題が言及されることは少なかった。市民運動の世界でも、なかなか二四条は注目してもらえず、下手をすると「家族を守るのは当たり前」と反発さえくる状況もあった。雑誌などでも、家族やジェンダーをテーマにすると、その号は売れないとも聞いた。日本が男性中心社会であることと、二四条が無視され続けることは無縁ではないだろう。私自身にしても、右派の主張を直に聞いたことで、初めて危機感を持ったという状況だった。

右派にとっても二四条について関心を広げるのは、実はそう簡単なことではないかもしれない。月刊誌『正論』(二〇一六年四月号)の右派知識人らへの改憲アンケートの中でも、二四条を優先項目としてあげたのは、家庭教育にこだわり続けてきた高橋史朗と勝岡寛次の二人だけ。私が調査してきた右派の人たちからも、保守は政治、外交、経済などの大文字の政治を語りたがる傾向があり、家族や性をめぐる問題に興味を持ってもらうのは実は大変だとこぼされたこともある。それにもかかわらず家族問題を優先事項として掲げ、地道に運動を展開しているところからも、改憲を狙う右派たちのこの問題への熱意がうかがえる。

実は二四条が問題になったのは今に始まったことではなく、一九五四年、自由党(当時)の憲法調査会の論点として二四条と九条が挙げられて以降、これらの条文はことあるごとにセットで槍玉にあげられてきた。そして戦後の日本では、家族のありようや、女性の性と生殖に関する権利への攻撃と、改憲議論は常に絡み合ってもきた。現在、安倍政権は、二四条「改正」を先取りするかのように、「少子化対策」の名の下で「官製婚活」や「ライフプラン教育」を推進している。政府や自治体が企業・団体・大学までをも巻き込んで結婚促進に力を入れ、「妊娠適齢期」の啓蒙など、妊娠・出産・子育てを前提とするようなライフプラン講座も自治体主催で開催されている。こうした動きのなかで、結婚・出産・子育てを前提とする生き方ばかりが推奨されたり、

「三世代同居」など特定の家族のあり方が理想化されるなどの傾向が目立ってきている。与党が提出する予定と報道されている「家庭教育支援法案」は、自民党改憲案と同じく、家族を社会の基礎的な集団と定めるものだ。改憲の前に、政策や法を通して、国家が私的領域に介入し、個人の尊厳もジェンダー平等も骨抜きにされていこうとしている。

こうした動きになんとか対抗せねばと、二〇一六年九月、仲間たちと一緒に「二四条変えさせないキャンペーン」を立ち上げた。様々な背景のメンバーだが、個人の尊厳を守りたい、自民党改憲案の通りに変えさせてはいけないという思いは共通しており、活動を広げていこうとしている。未だに男性中心社会の日本において、二四条の根本の価値観である、個人の尊厳とジェンダー平等の重要性を改めて認識することが必要だろう。

やまぐち・ともみ　一九六七年生。モンタナ州立大学准教授。文化人類学・フェミニズム。『社会運動の戸惑い――フェミニズムの「失われた時代」と草の根保守運動』『海をわたる「慰安婦」問題――右派の「歴史戦」を問う』(以上、共著)ほか。

信教の自由、政教分離をどう捉えるか？

島薗 進

宗教学を学び、日本という場で宗教について考えることの意義を示そうとしてきた者として、日本国憲法第二〇条、第八九条の信教の自由、政教分離の規定をどう捉えるかは、大きな課題であり続けている。

立憲主義の体制を守る上で、日本国憲法第二〇条、第八九条が重要な役割を果たしてきたことは確かだ。たとえば、国や地方自治体の靖国神社との関わりという点で、憲法は強力な歯止めになってきた。国が特定宗教を支持しないという「政教分離」の理念は、日本宗教連盟が一貫して掲げてきたものでもある。そのホームページには「日宗連は、信教の自由と政教分離の精神のもとにわが国において宗教団体相互の連絡、宗教文化の興隆、さらに世界平和への貢献を目的とし、昭和二一年六月二日に結成され」たと記されている。

日本宗教連盟は、教派神道連合会、全日本仏教会、日本キリスト教連合会、神社本庁、新日本宗教団体連合会の五つの団体によって構成されている。天理教や創価学会は加盟団体の枠外だが、五団体の傘下には日本の主要な宗教団体のほとんどが含まれると言ってよい。神社本庁もその一員である。

だが、実際は靖国神社、伊勢神宮、皇室祭祀についての神社本庁、及び日本会議系の宗教団体の立場と、他の大多数の宗教団体の立場とは異なっている。神社本庁、及び日本会議系の宗教団体は、国家と靖国神社、伊勢神宮、皇室祭祀が公的な関係をもつことを推し進めようとしているようにも見えるのだ。

その背景には、神社は「宗教」ではなく「祭祀」を担う施設だという、戦前の体制への回帰願望がある。一九四五年一二月一五日の神道指令によって、国家と神道が切り離され、神道が私的な宗教団体の一つへ降格され、天皇の神聖性が大きく引き下げられたことを神社本庁は痛恨事と捉えてきた。そして、その後、天皇と神道の関係をより公的なものとするための運動を展開し続けてきている。二〇一二年の安倍政権の成立以降、その動きが急速に加速している。

そこで、「信教の自由」と「政教分離」をどのように捉えるかという問題が、ますます重みを増してきている。長く争われてきていることのなかに、「宗教」とは何か、という枠づけの問題がある。天照大神と他の神々や皇霊を祀る宮中三殿で行われる皇室祭祀が神道行事であることは誰も否定できない。だが、その皇室祭祀、また皇室祭祀と密接な関係をもつ伊勢神宮の祭祀、また三種の神器に関わる事柄を公的な行事にしようとする動きが強まっている。

この問題を解きほぐしていくために腰をすえて取り組む必要があるのは、立憲主義と政教分離の関係を比較宗教論・比較文明論的な展望をもって明らかにしていくことだろう。「宗教」というもののあり方が世界の諸地域で大きく異なっている。主としてキリスト教の諸教会を視野に入れて展開してきた欧米諸国の制度と、仏教、儒教、道教、神道、キリスト教を視野に入れて形成されてきた東アジアのそれでは「宗教」の捉え方に相違が出てくるのは当然である。もちろん、イスラーム諸国や、ユダヤ教が主体となるイスラエル、インドや上座部仏教圏も大きく異なる。

だが、まずは儒教と大乗仏教が思想的に大きな影響力をもってきた東アジアにおいて、国家と宗教はどのような関係をもって歴史的に展開してきたのかという問いが重要だろう。そこに中国・韓国では道教、日本では神道というファクターが関わってくる。儒教と神道は国家祭祀と密接に関わっている。国家祭祀に国民国家の統合の核を見出そうとしたのが水戸学と尊皇攘夷運動であり、とりわけ会沢正志斎の『新論』であった。明治維新はこの理念にそって祭政一致や皇道興隆を掲げた国づくりを始動させた。

国民国家の祭祀となった皇室祭祀、それを核として展開してきた天皇崇敬と神権的国体論（佐藤幸治『立憲主義について』左右社、二〇一五年）、これが立憲主義と並び立ったのが大日本帝国憲法下の戦前の体制であった。日本国憲法は祭政一致や皇道の理念、それらと一体の神権的国体論を堅固に制御したはずだ、そう考えてきた。「国家神道は一九四五年に解体された」という通説を受け入れてきたのだ。

しかし、一九八〇年代以降、世界的な宗教政治勢力や宗教的ナショナリズムの興隆に刺激もされて、国家神道の復興が進む気配を感知した。そこで、国家神道論の再検討にとりかかったのは、二一世紀に入る頃のことである（『国家神道と日本人』岩波新書、二〇一〇年）。二〇一〇年代後半の現在、日本国憲法の土台である立憲主義と、戦前、猛威を振るうに至った神権的国体論の間で新たなつばぜりあいが行われている。日本国憲法第二〇条、第八九条だけではない。日本国憲法の全体、ひいては皇室典範をも視野に入れつつ、日本における信教の自由、政教分離について、また、精神文化と国民主権や基本的人権や平和主義との関わりについて学びを深めていかなくてはならないと考えている。

しまぞの・すすむ　一九四八年生。宗教学者。上智大学特任教授、東京大学名誉教授。『スピリチュアリティの興隆』『日本仏教の社会倫理』ほか。

島薗進

III

熊谷晋一郎
黒澤いつき
田中美津
赤川次郎
岡野八代
尾辻かな子
久保利英明
片山善博
北原みのり

宛先はどこなのか

熊谷晋一郎

二〇一六年七月二六日、神奈川県相模原市にある障害者施設「津久井やまゆり園」で、元職員の男性によって、入所していた障害者一九人の命が奪われ、二六人が重軽傷を負わされるという事件が起きた。容疑者が二〇一六年二月一五日に衆議院議長あてにわたした手紙には、以下のような記述があった。

保護者の疲れきった表情、施設で働いている職員の生気の欠けた瞳、日本国と世界の為と思い居ても立っても居られずに本日行動に移した次第であります。

（中略）

障害者は人間としてではなく、動物として生活を過しております。車イスに一生縛られている気の毒な利用者も多く存在し、保護者が絶縁状態にあることも珍しくありません。

私の目標は重複障害者の方が家庭内での生活、及び社会的活動が極めて困難な場合、保護者の同意を得て安楽死できる世界です。

重複障害者に対する命のあり方は未だに答えが見つかっていない所だと考えました。障害者は不幸を作ることしかできません。

（中略）

今こそ革命を行い、全人類の為に必要不可欠である辛い決断をする時だと考えます。日本国が大きな第一歩を踏み出すのです。

この事件の重大さを、早い段階で指摘した一人が憲法学者の木村草太である（「木村草太の憲法の新手（37）」『沖縄タイムス』二〇一六年八月七日、http://www.okinawatimes.co.jp/articles/-/56341）。木村は、今回の犯行はいわゆるヘイトクライムではなく、優生学を連想すべきであると、エッセイの中で指摘している。木村によれば、ヘイトクライムは不合理な感情に基づくものだが、今回の犯行は、極めて合理的に行なわれている。ただし、その合理性の基準が、国家的価値を個人の尊厳という価値よりも優先する、優生思想に基づいていた点で、今回の犯行は立憲主義に対する重大な挑戦という意味を帯びている。実際容疑者の手紙からは、彼なりに想像した国家的価値と自分を同一化し、自身の行動を正当化しようとする論理が見て取れる。

筆者自身、トイレ、入浴、着がえ、身支度、仕事など、生活のあらゆる場面において、二四時間介助者の支援を受け続けることなしには、立ち行かない暮らしをしている。そのような状況では、介助者との関係は潜在的に緊張感をはらんだものとなる。介助者は人間であるから、当然、機嫌の悪いときもあれば、思わず暴力的な言動をしてしまうようなこともあるだろう。そのようなときに、我々障害者が、人権を侵害されることのない暮らしを営むには、どうすればよいのか。

障害者運動が出した答えの一つは、「不特定多数に依存先を分散する」という戦略だった。家族にしか介助を頼めなければ、家族に暴力を振るわれたときに逃げられなくなる。施設にしか介助が得られなければ、施設内の暴力から逃げられない。地域全体、日本全体、世界中から介助者を調達できる仕組みを実現することは、重度障害者にとって死活問題なのだ。

実は、暴力の加害リスクもまた、依存先の少なさと関連していることが知られている。例えば、家族や介助者など、障害者に対するケアの責任を集中的に課せられている者が加害者になりやすいという点は、極めて重要である(Chamberlain et al., 1984, Issues in fertility control for mentally retarded female adolescents: Sexual activity, sexual abuse and contraception. *Pediatrics*, 73)。また、養育者や支援者がストレス、経済的困窮、パートナーとの不和、職場でのストレス、疲労、孤立を経験していると、虐待のリスクが上昇する(Fisher et al., 2008, Child abuse among children with disabilities: What we know and what we need to know. *International Review of Research in Mental Retardation*,

35)。とくに、経済的困窮に関しては、障害児を持つ家族の約三〇パーセントが、就労時間を減らしたり離職したりせざるを得ない状況を加味すると(Looman et al., 2009, Financial and employment problems in families of children with special health care needs: Implications for research and practice. *Journal of Pediatric Health Care*, 23)、家族内のみでケアを引き受けるのではなく、ケアの社会化を進めていくことの重要性が示唆される。家族による育児や介助を基本とする法制度は、これに逆行する。また、コミュニティの外部にある特殊な専門機関に囲い込まれた支援環境においては、通院などにより一般の社会に参加する機会を奪われ、虐待のリスクが高まり、発見もされにくくなるということが分かっている(Hibbard et al., 2007, Maltreatment of children with disabilities. *Pediatrics*, 119; Murphy et al., 2007, The health of caregivers for children with disabilities: Caregiver perspectives. *Child: Care Health and Development*, 33)。特別支援教育の現場などで、きめ細やかな専門的支援が、地域社会からの隔離と組み合わさって進んでいけば、暴力は増える可能性がある。

暴力を受けないことは、基本的人権である。そして、暴力のない暮らしを実現するためには、潜在的な加害者も被害者も、依存先を分散する必要がある。しかし筆者がこのように主張すると、ときおり、「それはもっともだが、当事者の中には簡単に依存先を分散できないものもいる」という意見をもらうことがある。

確かに、依存先を広げられるか否かに関して、個人の身体的・社会経済的・経験的な諸条件の差異が影響することは間違いない。しかし同時に、「依存先を分散すべきだ」という主張の宛先が、個人ではなく、社会や政府であるという点を強調しなくてはならない。依存先を分散する責任は個人に課せられるのではなく、個人はこれを権利として持つべきであって、その責任は政府が負うものであると私は考えている。

くまがや・しんいちろう 一九七七年生。小児科医。東京大学先端科学技術研究センター准教授。『リハビリの夜』『当事者研究の研究』(共著)ほか。

おかっぱとヘアゴムの「尊厳」

黒澤いつき

その特設の書棚には、憲法に関する最新の著作物がずらりとそろっていた。憲法改正、憲法制定過程、安保法制、女性の人権、デートＤＶ……。ちょっとした書店のコーナー顔負けの充実ぶりだった。「反原発」コーナーや、新聞記事を読み比べたり、原発の正確な理解のために海外の新聞を読む机もあり。これは私が講演に行ったある女子高の図書館である。司書の先生はじめ学校が図書館を頑丈な「知の砦」として、生徒(国民)の自由を守るために築きあげている「不断の努力」に、敬意を抱かずにはいられない。

この学校に、二〇年以上前、私は入学した。中高一貫の六年間、多くの個性豊かな教師たちから刺激を受け、うまく「転がして」もらったおかげで、正直、勉強がつまらないと思ったことは一度もなかった。卒業生の中では「行方不明」扱いになるほど、顔を見せずに不義理を働いていた私を見つけ出して講演に呼んでくれたかつての恩師たちは、教育現場に政治を持ち込むなという〝中立性の病〟に毅然と怒り、私は今さらながらこの学校で育った幸運を思った。

しかし、私の苦い〝憲法の原体験〟の一つもまた、この学校で起きた。

ちょっとさかのぼると、私は小学校三年生まである田舎の小さな町で育った。特におしゃれを気にする子ではなかったが、小学校に入ってある事実を知らされる。私が入る予定の近所の中学校は、男子は全員丸刈り、女子は全員おかっぱという校則なのだと。なぜ髪を切る必要があるのか大人は誰も説明してくれず、狼狽した。入学と同時に長い髪をばっさり切った近所のお姉ちゃんをはじめ、「中学生になったらそういうものだ」と、抵抗どころか何の違和感もなく受け入れている友達たちにもっと狼狽して、逃げ場のない気持になった。髪を切るか切らないかを大人が勝手に決めるような社会で生きていかなければならないかと思うと、窒息するような感覚だった。だから東京へ引っ越すことになった時、友達との別離を悲しむ気持よりもあの中学校に入らずにすむ喜びが勝った。生き延びた――。当時の私の気持は大げさでなくこの言葉しか当てはまらない。

そんな私が入ったのが、冒頭で紹介した学校である。勉強は面白く、友達とのおしゃべりは楽しく、映画や音楽にのめり込み、すでに一日が二四時間では足りない生活だった。そんな私に、再び、〝あれ〟が襲いかかってきたのである。

この学校の校則は、きわめて細かかった。肩まで伸びた髪は必ずおさげに結ぶ。ゴムの色は黒・紺・茶のみ、マフラーは白のみ。くせっ毛の子は「パーマではなく天然である」と届け出なければならない。生徒指導部に趣旨を問えば、聖母マリアを目標とするその学校の生徒らしさ、が大事なのだという。あえて校則を破ろうというほどのおしゃれでもなかった私は、教師からとがめられる機会も少なかった。しかし毎日の聖書の朗読を続けていても、聖母マリアがどのような外見だったかは発見できず、ましてや聖母マリアが外見で人を判断する方であるわけがない、という「まったく納得いかない」気持が膨らみ続けた。

そしてある日、一人の教師が、教室でこう言い放ったのである。

「校則に文句があるならね、簡単なことよ。学校やめればいいのよ。ここ私立なんだし」

全身の毛が逆立って、悪寒に襲われた。

たかがヘアゴムの色で尊厳などと大仰なことを言うなと笑うのであれば、そんなちっぽけなものを規制する意味がどこにあるのか、と何度でも問いたかった。運営母体の強い意向ゆえ、雇われている身ではなかなか校則について物申せない、という事情があるなら、それでもかまわなかった。ただ、生徒一人ひとりが個性とプライドを持った存在であることを意識して、全員の〝自分らしさ〟を一律につぶすことについて、「自分もくだらない規則だとは思うんだけど」という何かしらの揺らぎを、せめて見せてほしかった。

やめればいいと言った教師には、その意識のかけらもなかった。絶望と同時に何度も頭の中で、「これは人権侵害だ」と叫んだ。中学受験の時に少しだけ勉強して愛着がわいた憲法は、人間の尊厳を守るものだとうっすら覚えていて、それはこんな教師の発言を絶対に許さないはずだ、と唇をかんだ。そして、大人になっても、絶対に今日のこの気持を忘れないでいよう、あんな大人にだけはなるもんか、と繰り返し繰り返しつぶやいた。

弁護士になってすぐに参加した「日の丸・君が代訴訟」で、原告(教員)の方が君が代を歌えと命じられ、処分との板挟みに苦しんだ経緯を聞いた。想像して追体験する中で感じた身もだえするほどの苦しみは、おかっぱの校則を知った時の気持と、あの日「やめればいい」と教師から言われた瞬間の感覚と、まったく同じだった。

母校はあらゆる意味で私に平和や人権を考える機会を与えてくれた。間違いなくその六年間が血となり肉となっている私は、これからも(法律家としても、二児の母親としても)個人の尊厳、というものに敏感であり続けられるだろうか。自戒する日々である。

くろさわ・いつき 一九八一年生。「明日の自由を守る若手弁護士の会」(あすわか)共同代表。共著に『これでわかった! 超訳 特定秘密保護法』『憲法カフェへようこそ』ほか。

この子は一目で私がわかったんだよ

田中美津

「この子は一目で私がわかったんだよ」。成田空港から帰る車内で、七一歳の母は声を弾ませてくり返し言う。そ、そうかなぁ……。今年四一になる息子は当時三歳になったばかり。旅行鞄を載せたカートを一人で押して行けるのが嬉しくて、それでなくてもメキシコ系で愛想がいい、もう大ニコニコで出口に向かい、出迎えの母と初めて顔を合わせた。

天使の笑顔は効果絶大。異国で、未婚で、勝手に混血の子を産んだという事実は、以来家族の間では何の不都合もない事柄となった。

母も父も学歴は共に尋常高等小学校止まりで、家には本も本棚もなかったが、欲しい本はすぐに買ってもらえた。

一度公安の刑事が訪ねて来たことがある。暇だからウーマンリブの実家でも覗《のぞ》いてみるかといった埒《らち》もない訪問で、応対した兄に曰く、「お嬢さんがアレでは、ご家族もさぞ大変でしょう」。

外出していた母は後でそれを聞いて、地団駄踏んで口惜しがった。「あぁ私が居たら、「ウチの娘は損なことをしてるが、間違ったことをしてるわけではありませんっ」って言ってやったのに！」。

「お前みたいな鼻はカタチはよくないが、蓄膿にはならないよ」と面と向かって言われ、「そうなの？　でも、あんたの鼻にそっくりだよ」と、直ちにやり返す。母とはむろん、父とも姉ともそんなやり取りが日常だった。

いい家に生まれたなぁとつくづく思う。憲法を読んだ時もそう思った。最高法規のそれは、「二度と戦争をしない」という柱と、「すべての国民は自由に、そして平等に生きる権利がある」という柱で成りたっていた。へぇー、でも、自由も平等も私の家では、普段着のようにそこらに在ったなぁ……。もっとも昔から母は「日本は戦争に負けて本当によかった」と、口癖のように言っていたけど。そうでなければ、未だに女はメジメ(惨め)だったよう、と。たぶん、負けて手にした憲法のおかげで「女のくせに……」と言われても、「なに言ってんだい、男女平等だよ」と言い返せるようになったからだろう。

しかし、「戦争に負けてよかった」というような率直な物言いの家で育つと、世間に出てからがもう大変。どんなところに居ても、早晩一人だけ浮いてしまう。人間関係は気配り、謙遜、曖昧、窺うを良しとする。そんな暗黙の戒めに従って日本人しているあの人、この人。あなた本当はどう思っているのよ。もう揺さぶって聞いてみたい。多勢に無勢、焦燥と孤独の暗い日々。やがて「この星は、私の星じゃない」と、諦めた。

諦めたつもりだった。羞《はず》かしげにしていればモテるが、論じたり反論したりするとモテない。モテるモテないが死活問題だった季節を過ぎてから、私はしみじみ考えた。「女らしさ」という虚構を生きたって、私を生きることにはならないわ。世間から弾かれまいと、必死に「自分であること」に半ばフタをして生きてきたけど、もう嫌だ。試しに、「そんなふうに思う女、この指留まれ！」と指を立てたら、指の周りに熱が集まり、うねりが起きた。その事実が私を強くし、集まった女たちを強くした。そこからウーマンリブが始まって……。

いま想えばよ、私ら女が強くなったことで、憲法も少し、ホンの少しだけど強くなったのではないかしら。

憲法は表面敬われ、その実、足蹴《あしげ》にされつづけてきた。戦後煩《うるさ》いほど男女平等、男女平等と言われてきたのに、七〇年経った今も家事を担う夫は二割に満たず、各国の男女平等の進展具合を指数化したら、日本はなんと一四四カ国中、一一一位だった。あぁ情けない。もちろん情けないのは憲法ではなく、私たち日本の民である。

戦後平和な暮らしを続けられたのは、憲法九条「戦争放棄」のおかげだと真顔で言う人がいる。平和憲法なるものがオルタナティブ・ファクト（もう一つの真実）に成り下がっている現実を、見ようとしない。だからそんなふうに言えるのよ。

憲法には確かに、「戦争の放棄、戦力の不保持」が高らかに記載されている。しかしその裏で世界八位の軍事力を持つ自衛隊を有し、セーフティネット代わりに日本にある米軍基地の七四パーセントを狭い沖縄に集中させているという欺瞞の構図。それこそが我らが平和憲法の実態だ。

沖縄の民は選挙を通じて「基地をなくしたい」と何回も意思表示している。地方自治とは民主主義を支える柱であり、欧米では基本的人権と考えられているそうな。それなのに、国の強権をもって沖縄の民意や人権を平気で踏みにじってきた歴代内閣。ていうことは、政府自ら、憲法違反し続けているってことなのに。

こんな内閣に一貫して高支持率を与えている人たちがいる。この国のマジョリティは万事曖昧を良しとする、安寧第一の人たちだ。あぁ、新聞を読んでいると時折私は、日本人であることをやめたくなってしまう。しかし、太平洋戦争でもっとも激しい地上戦が繰り広げられた沖縄の、日本人の死者約一九万人のうち県民は一二万人余で、日本軍による住民殺害は一〇〇〇人以上、米軍兵士によって強姦された女性は約一万人……等のことを知れば、「日本人をやめたい」なんて甘えであり逃げでしかない。沖縄に苦しみをもたらしている元凶は、本土の者たちの「無関心」に他ならない。そんな気の遠くなるような敵を少しでも崩そうと、私は、一昨年から辺野古・高江で座り込むツアーを主宰している。これたぶん、私の最後の「この指止まれ」だ。

座り込んだ後に必ずガマ（鍾乳洞）を訪れる。戦火に追われた人々が逃げ込んだそこは、懐中電灯がなければ隣の人も見えないまったくの暗闇だ。常時排泄物や血の匂いが強く漂っていただろうそこに、子どもを抱え食するものもなく、人々はどんな思いでうずくまっていたのだろうか。

この五月で七四歳になる私は、ガマに入るたびに、「沖縄をこのままにしては死ねない」という思いが強くなっていく。それは、いいように踏みにじられ、オルタナティブ・ファクトと化してしまっている平和憲法を、僅かなりとも私たちのものとして取り戻したいという願いと重なっているような……。「憲法が奪われようとするときに、国民の力で守り抜けば、そのとき本当に国民自身のものとなるのではないか」（家永三郎の発言。NHK『ニュースウォッチ9』「日本の知性が語った〝私たちの憲法〟」二〇一六年一一月三日放送より）。

たなか・みつ　一九四三年生。鍼灸師。一九七〇年代、ウーマンリブを牽引した。『いのちの女たちへ　新版』『かけがえのない、大したことのない私』ほか。

田中美津

渡れなかった道

赤川次郎

私が、「憲法って何なのだろう」と初めて考えたのは、中学三年生ぐらいのときだったと思う。

私の通っていた桐朋中学は国立《くにたち》にあった。国立駅前から、〈大学通り〉と呼ばれていた広い道路が真直ぐに伸び、両側の歩道は銀杏の並木がずっと続いていて、そこはちょっと日本離れした風景だった。

ある日の学校帰り、〈大学通り〉は異様なことになっていた。車が一台も通っていなくて、道の両側にズラッと警官が立っている。――何ごとだろう？

私は一緒だった友人と顔を見合せた。

誰から聞いたのか忘れたが、この道を、

「天皇陛下の車がお通りになる」

というのだった。

それにしても、真直ぐな〈大学通り〉の遥か遠くまで眺めても、「お車」は影も形もない。それなのに、私たちは、横断歩道を渡って駅まで行くこともできないのだ。

仕方なく待っていると、子供を連れた若い母親が、何か急ぐ用があるらしく、

「向うへ渡らせて下さい」

と、警官に頼んでいる。

しかし、警官はあくまで道を渡る（ほんの数秒しかかからないのに）ことはできない、と拒んでいる。すぐそこに車が見えているのならともかく、あと何分で来るのかも分らないのに、たった何十メートルかの横断歩道を渡れないというのはどういうことかと腹が立った。

たっぷり一五分以上は待っただろう。「お車」はアッという間に目の前を走り抜けて行った。そして〈大学通り〉からは一分とたたない内に、警官の姿が消えた。

このとき、私は憲法に言う「「象徴としての天皇」とは何だろう？」と考えていた。

天皇は敗戦によって、「人間宣言」をしたのではなかったか。「普通の人間」であることを、自ら表明したのだ。ならば、なぜ国民の足を止めさせて、信号など存在しないかのように車で走り抜けることができるのか？「普通の人間」なら、普通に信号を守って、「歩行者優先」の原則通りに走らせるのが当然ではないのか。

中学生の私はこのとき、「憲法はそこにあるだけじゃだめなんだ」と思った。「憲法を守らせ

る」努力をしなければ、何の意味もないのだ、と初めて考えたのである。

「旧ソ連の時代とは何だったのか」

を、チェルノブイリなどの負の遺産を通して追求し続けている、ベラルーシの作家、スヴェトラーナ・アレクシエーヴィチ。

日本を訪れ、「フクシマ」と、そこを追われた人々、危険を承知でそこへ帰る人々を取材したアレクシエーヴィチは、大学での講演の中で、「日本には抵抗の文化がない」と語った。

この指摘の重さを、私たちはしっかり受け止めなければならない。

かつてのソ連では「権力への批判」は即、死か強制収容所へとつながっていた。人々が口をつぐまざるを得なかったのも理解できる。しかし、日本では？　——有形無形の圧力はあるにせよ、現政権を批判しても、すぐに逮捕されたり暗殺されたりするわけではない。

それなのに、なぜ人々は「原発をなくせ」という一点でさえ団結して抵抗できないのか？　アレクシエーヴィチがふしぎに思って当然である。

その責任を大手メディアの堕落に求めることは容易だし、確かにそれは事実だろう。しかし、「大手メディア」という人間がいるわけではない。それを構成している一人一人こそが問題なのだ。

世界の内戦の悲劇、難民の苦難、「フクシマ」の現実を伝え続けている、数少ない写真誌『DAYS JAPAN』。その二〇一七年一月号の編集後記を読んで考えさせられた。

読者からの「創刊号から読んでいるけれど、もう歳をとったので、血や死んだ人を見る体力がなくて……」という声。辛いことばかりのページをめくるのに疲れた、という声が増えているという。むろん、それはその雑誌の責任ではない。世界で、そんなにも多くの悲劇が起っていることが問題なのだ。

こういう声が孤立せずに、互いに語り合える場が必要かもしれない。疲れをいやす時間も。「憲法を変えたくない！」と思っている人がこんなに大勢いる。その思いが、疲労を軽くしてくれるのではないか。

忘れないようにしよう。悲惨な写真を見たら、「明日はわが身」と自分に言い聞かせることを。

あかがわ・じろう　一九四八年生。作家。「三毛猫ホームズ」シリーズ、『セーラー服と機関銃』ほか。

赤川次郎

記憶と政治、尊厳と憲法

岡野八代

大学で立憲主義について長年教えてはきたが、わたしが憲法に関して危機感を覚え――いまや、焦燥感に駆られている――、その精神についてわが身をもって考え始めたのは、二〇〇一年合衆国同時多発テロ以降である（拙著『戦争に抗する』）。合衆国では愛国者法が誕生し、日本では憲法九条の規範性を殺《そ》ぐ、そして現在の安保関連法へと通じる、有事関連法が成立した時期である。

しかし、第二次安倍政権以降の憲法破壊政治――立憲主義に反するため、改正という言葉を使用しない――は、これまでの九条を本丸とした憲法改正論議とは異なる側面を、いや、九条改正の掛け声の下に隠されてきた権力者たちの本心を臆面もなく露わにし始めた。その本心とは、個人の尊厳に対する敵意である。

少し歴史を紐解けば、戦後七年の占領期を経た直後から、九条を中心に憲法改正を唱えてきた権力者たちは、極端な個人主義、家族の危機という理由で、二四条の精神も破棄しようとしてきた。九条と二四条が戦後の日本政治において共に危機に晒されてきた事実は、記憶に留めておくべきだ。なぜなら、そこに、〈国家は個人の諸権利を守る道具にすぎない〉という立憲主義に対抗する、〈個人、そしてその個人を育む家族は、国家の繁栄のために存在する〉という国家主義が表れているからである。

さらにいえば、小さく脆弱な個人を石臼でひき潰すかのように苦しめても、なんら痛痒を感じない政治の特徴も表れている。その特徴とは、空間への固執と時間の軽視である。安倍政権は、領土問題を最重要課題とし、歴史を侮蔑する。軍事を重視し教育を軽んじるのも、未だにトリクルダウンを信じ肌理《きめ》細やかな再配分には見向きもしないのも、その表れだ。刻々と変化する時間は、物理的にも、そして記憶という作用によっても、ひとりの個人のなかにさえ差異を生み出すが、空間を妄信する権力は、その維持と拡大のために、差異を封殺しようとする。

わたしは、力による空間の政治に対抗しうるのは、時間を大切にする政治、そこに生きる人間たちの記憶の政治だと考えている。空間と時間の対比は、九条を破壊して軍事大国化するためには、なるほど二四条も破壊しなければならないのだという理解を可能にしてくれる。

自民党『日本国憲法改正草案Q&A 増補版』には、世界人権宣言を参考にして家族規定をおいたとある。しかし、権利が剝奪され、天皇制の下で無残な生き方を強いられた女性たちの歴史を記憶しているならば、「互いに助け合わなければならない」と国家に命じられる家族が、個人を犠牲にするシステムの一歯車として機能させられると危惧するのは、当然だ。

とはいえ、バブル時代に青年期を過ごしたわたしが、戦前の家族国家を記憶しているわけではない。

わたしの母は、九歳で敗戦を迎える。六人いた子どものうち高校を卒業したのは、兄弟のみ。中学生の頃、毎夕、病弱な祖父の代わりに工場で働いていた祖母が心配で工場まで迎えに行ったのだと、母は数年前、初めて戦争体験を語る際に教えてくれた。祖母は六〇代で亡くなり、祖母より長生きした母は、祖母の夢をみるようになったともいう。その祖母は、セーラー服姿で母の前に現れる。決して祖母が着たはずのない、セーラー服で。

祖母が亡くなってからしばらく母は、祖母の人生は何だったのかと苦しんだという。そして、わたしを海外の大学院まで通わせてくれた中卒の母の生き様を想起しようとすると、わたしもまた感謝する以前に胸が痛む。

かつてドゥルシラ・コーネルは、尊厳について次のように表現した。荒地のような女性の生活史のなかに「尊厳を見るならば、彼女たちを見るわたしたちの目は変わる。それぞれの闘いの中で、もしかしたら彼女たちはこんな風でありえたかもしれないと発見したり、それができないときには想像したりする試みを通して彼女たちの価値が現れてくるのだ」(『女たちの絆』)。

立憲主義の歴史もまた、権力者たちが領土を維持したり拡大したりするために、道具のように扱われた死者たちに、どうしたら尊厳を送り返せるかという試みである。空間を妄信する政治の影には、ありえたはずの人生を挫かれた、数多くの人びとの歴史がある。そして、家族は、世代によって異なって流れる時間をなお、共有しながら生きるなかで、尊厳が現れてくる集いのはずだ。

家族に関する法律は〈「個人の尊厳」に立脚して制定せよ〉と、二四条が命じるのは、かつて踏みにじられた価値を、〈あるべき〉規範として未来に送り届けるためだ。ベアテ・シロタ・ゴードンもまた、幼い頃の彼女の記憶にある日本人女性を想起しながら、彼女たちに尊厳を送り届けるために、二四条の原案を起草した。

現在の憲法破壊政治は、わたしの中に息づいている、踏みにじられた女性たちの尊厳を、再度踏みにじろうとする。それは、わたしの尊厳に対する攻撃に他ならない。わたしにとって憲法とは、尊厳を未来へと送り届ける装置なのだ。

おかの・やよ　一九六七年生。同志社大学大学院グローバル・スタディーズ研究科教授。西洋政治思想、フェミニズム理論。『フェミニズムの政治学』『戦争に抗する』ほか。

同性愛者と「日本国民」

尾辻かな子

憲法について、一同性愛者として書いてみたいと思う。ある年のお正月、実家に帰っていたパートナーが疲れてぐったりし、おもむろに泣き始めた。理由を聞くと、母親から結婚と孫について、せっつかれたと言う。私というパートナーの存在を言えないばかりか、同性愛にネガティブな反応をする母親を見て、神経をすり減らして帰ってきたようだ。このような例は、おそらく日本全国に溢れているだろう。泣いている彼女を慰めながら、どうしてこの国は、一緒に生きたいと願う同性パートナーに平等に生きる権利を認めていないのかと考えてしまう。

多数派であれば、生活の中で憲法を身近に感じることは多くないのかもしれない。一方、少数派として生きることになると、否が応でも国の根幹を成す憲法を意識することが多くなる。憲法一三条で、「すべて国民は、個人として尊重される。生命、自由及び幸福追求に対する国民の権利については、公共の福祉に反しない限り、立法その他の国政の上で、最大の尊重を必要とする」とうたわれている。しかし、同性パートナーと暮らす人々は「尊重されている」とは言い難い状況にある。婚姻によって得られる権利を持っていないのだ。税、社会保障、ビザ、相続……。同じように税金を払っている国民として、同等に扱われておらず、むしろ異端者として沈黙を続けざる得ない状況にある。私はその状況を変えようと、二〇〇五年大阪府議会議員時代に日本の議員として初めて同性愛者であることを公表し、その後国会議員を務めてきた。

アメリカでは、二〇一五年、同性婚を禁じる州法は、アメリカ合衆国憲法違反であるという連邦最高裁判所の判断が示された。現在、世界のおよそ二〇カ国で同性婚が認められている。二〇〇一年に世界で初めて同性婚を認めたオランダでは、若い人は、物心ついた時から同性婚があたりまえに存在する世界で生きている。一方、日本では、性的指向と性自認に関する差別解消法ですら、まだ法制化されていない。

二〇一四年、青森市在住の女性カップルが婚姻届を市に提出した。不受理になったのだが、その不受理証明書には、「日本国憲法第二四条第一項により受理しなかった」と記載された。憲法二四条は「婚姻は、両性の合意のみに基いて成立」するのだから、両性は男女であり、同性同士はあてはまらないという判断だった。この不受理に、私たちは愕然とした。国民の権利を守るためにある憲法が、国民の権利を阻害する理由に使われたからだ。私が言うまでもなく、憲法二四条の趣旨は、家父長的な家同士の結婚から、個人の自己決定による結婚への転換をはかったものであり、同性婚を禁止する意図はない。

憲法解釈は、時代と共にあらわれる新しい人権課題に寄り添うものでなくてはならないはずだ。婚姻する権利が選択肢としてないことのデメリットは、社会的な承認が得られにくいことにある。同性愛や同性カップルに対するマイナスのイメージから、自分の身近な人に自分のことを言えない。私のパートナーも自分の親やきょうだいに言うのは、怖くて無理だと言う。私は二〇〇五年にカムアウトしており、親も周りの人も、知っている。だからこそ、私を家族に隠すようで申し訳ないとまた泣いてしまう。彼女に勇気がないと責められる人がいるだろうか。責めるべきは、隠さなければ生きていけないと思わせる社会であり、憲法で人権を保障しているのに、実際にそうはなっていない現実ではないだろうか。

二〇一五年、渋谷区で同性パートナーシップ証明書の発行を認める条例が、賛成多数で可決された。しかし、法律婚ではないので、法的保障はない。二人の関係性を示すために、公正証書を取り交わす必要があり、婚姻届という紙一枚で総合的な権利が手に入る異性カップルに比べて、手間がかかる割に実際に得られる権利がない、という現実を突きつけている。

また、この渋谷区の条例を議論する際、条例制定反対派は、憲法九四条の自治体の条例制定権の範囲を超えていると反論を行った。渋谷区の他には、世田谷区、伊賀市、宝塚市、那覇市で自治体の首長による要綱方式のパートナーシップ宣誓書の受理証発行が行われるようになった。

国会では、二〇一五年の参議院本会議において、憲法二四条の問題を問われた安倍総理は、「憲法二四条は、婚姻は、両性の合意のみに基づいて成立すると定めており、現行憲法の下では、同性カップルに婚姻の成立を認めることは想定されておりません。同性婚を認めるために憲法改正を検討すべきか否かは、我が国の家族のあり方の根幹に関わる問題であり、きわめて慎重な検討を要するものと考えております」と答弁をしている。同性婚人権救済弁護団では、日本弁護士連合会に対して、同性婚の立法を総理大臣や国会等に勧告するよう求める人権救済申し立てを行っている。

時代とともに、憲法が保障する人権の範疇は広がっていく。前文の私たち「日本国民」に性的マイノリティも含まれていることを示す憲法であってほしい。憲法の力を、平等を求める人々の変革の力を私は信じている。

おつじ・かなこ　一九七四年生。一般社団法人ＬＧＢＴ政策情報センター代表理事。元参議院議員。著書に『カミングアウト――自分らしさを見つける旅』。

会社法弁護士がなぜ一人一票訴訟に取り組むか

久保利英明

私は株主総会や取締役会の運営、会社支配権を巡る係争事件など、コーポレートガバナンスを専門とする企業法務弁護士である。公正で民主的な企業の創出にはガバナンスの確立が不可避であり、その根幹をなす株主総会の議決においては、一単元株に対し一議決権を付与する議決権の平等が原則となる。複数議決権を与えるには特殊な定款（企業にとっての憲法）が必要で、さもなければ総会決議は取り消される。この原則は国家ガバナンスにおいても同様である。憲法の基本である国民主権・民主主義の根幹が国民の多数決である以上、一票の投票価値を同一とする人口比例選挙が大原則である。企業が如何にガバナンスを守っても、国民による国家ガバナンスが不全に陥っていたのでは、国力の増進は果たせない。

そこで、私は二〇〇九年夏、升永英俊、伊藤真弁護士と共に、衆院選無効を求める裁判の提起に踏み切った。同時に最高裁裁判官国民審査において、選挙を違憲と判断しなかった判事に×をつける運動も進めた。国家ガバナンスの確立のためには司法が違憲立法審査権により選挙無効判決を下すほかないからである。従来の「法の下の平等論」に基づく選挙無効の主張とは異なり、我々は法規範としての憲法一条、同五六条、前文第一文を根拠として国民主権論を基軸に国家統治機構論を展開した。この七年半で、五回の最高裁大法廷弁論を行い、全ての大法廷判決で、違憲状態との判断を引き出した。

二〇一六年七月に行われた参院選無効訴訟の一四の高裁・支部の弁論では、私は標的を「日本における司法の役割、即ち、裁判官の責務」に絞って展開した。

本事件は原告対被告の普通の行政事件訴訟ではなく、裁判所が立法・行政をいかにガバナンスするか、三権分立と違憲立法審査権という「国家のガバナンス」の確立が争点だからである。

しかし、選挙における投票価値の現状は悲惨なものである。二〇一六年の参院選においても国民のわずか四割が当選した参議院議員の過半数を選出し、国民の六割は当選者の半数以下しか選出できない。参議院議員の過半数が過半数の国民から選出されていないという投票価値の倒錯現象は未だに是正されていない。

さらに二〇一四年の衆院選(選挙区)についてみると得票率は、与党が四九・五四%、野党・無所属が五〇・四六%だったのに、当選者数は与党が二三二名(七八・六四%)、野党・無所属が六三名(二一・三六%)と大差が付いた。この原因は一票の投票価値の大きな違いにある。

しかるに、憲法学者も歴代内閣法制局長官も元最高裁長官も元最高裁判事も憲法違反であるという安保法制が国会を通過した。その原因は、国民の多数と国会議員の多数が乖離していて、国民の少数が国会議員の多数を選出し、その国会議員の票決は一人一票が厳守されるという憲法違反の「国会議員主権」制度にある。

だから、解釈改憲が行われ、強行採決により集団的自衛権の行使などの安保法制が成立してしまった。違憲の選挙制度が罷り通り、日本国は「国民主権」国家ではなく、「国会議員主権」国家となっているのである。

しかも、政権は憲法違反の投票価値不平等によって、盗み取った実質的改憲からさらに明文による憲法改正を企図している。そもそも人口比例選挙によらずして当選した彼らには、国会議員としての正統性は到底認められない。それにも拘わらず、国会(立法府)や政府(行政府)は、裁判所(司法府)が、いつまでたっても選挙を違憲と断ぜず、違憲な状態でなされた選挙を無効とせず、違憲状態の国会議員の地位を容認していることに乗じて、更に憲法改正まで行おうとしている。

裁判所が、違憲立法審査権を発動せず、「違憲」判決を言渡さないことは、【(国会活動の正統性のない議員を含む)国会による憲法改正発議】という狂気の沙汰を放置することにもなる。

そのような裁判官は、

①「憲法の最高法規性とそれに違反する国務に関する行為の無効性」を定める憲法九八条一項を否定し、

②「裁判官の憲法尊重・擁護義務」を定める九九条を否定し、

③「最高裁の違憲立法審査権」を定める八一条を否定し、

④「裁判官が【憲法、法律に拘束される】存在であること」を定める七六条三項を否定することとなる。

これらの憲法の明文規定を無視することは、憲法に基づいてその地位を保証されている裁判官として自己撞着も甚だしいものであり、法律家としての資質を認めるわけには行かない。

国民としては、主権者としてその意思を表明し、最後の手段として、総選挙の際に行われる「最高裁判事国民審査」(憲法七九条二、三項)において、不信任の投票を投ずるしかない。違憲状態国会議員、違憲状態内閣、そして違憲裁判官しか、この国にはいないとなれば、憲法を守り、憲法に守られる日本国を実現するために、国民自らが主権者としての権限を、蹂躙された選挙や投票行為とは別に行使するしかない。

会社や組織が如何にガバナンスを守っても、国家がこの体たらくでは、国民が幸福になることはあり得ないからである。

くぼり・ひであき　一九四四年生。弁護士。『日本改造計画——ガバナンスの視点から』『志は高く　目線は低く』ほか。

地方自治の視点で憲法改正を論ず

片山善博

地方自治の分野でいささかの体験と研究を重ねてきた者の一人として、憲法を地方自治の視座から点検してみると、いくつかの論点が浮かび上がる。その中には憲法の具体的な条文を改正した方がいいという判断に至るものもある。正直に言って、今の段階でそれらを取り上げることにためらいがないわけではない。「お試し改憲論者」たちによって改憲テーマの一つとして体よく利用されかねないからだ。

でも、ここではそんなためらいは横に置き、論点をそのまま提示しておきたい。憲法も時代の変化に応じて見直す機会があってしかるべきだし、その際自分とは考え方の異なる人たちに改憲のきっかけを与えないようにと押し黙っているのでは、憲法をますます形骸化させることになるからだ。

地方自治の分野で憲法のどこを改正すべきか。例えば、第九二条は「地方公共団体の組織及び運営に関する事項は、地方自治の本旨に基いて、法律でこれを定める」と規定する。「地方自治制法定主義」と言っていい。ただ、肝心の「地方自治の本旨」の意味が共有されていないこともあり、地方自治に関係する諸法律には「本旨」からの逸脱が目につく。

この際、「地方自治の本旨」とは何かを誰にでもわかるように書くほうがいいと思うのだが、それを適切に表現するのは甚だ難しい。もし大方が納得できる書きぶりが見つかれば改正に結びつけたらいいし、それが無理なら、当面は個々の立法過程で憲法との整合性を丁寧に検証することを通じて「本旨」の意味を具体的に明らかにしていくのが賢明だと思う。

是非改正した方がいい条文もある。第九三条第二項だ。そこには、自治体の長及び議会の議員については自治体の住民が直接選挙する旨定められている。わが国の地方自治制度の根幹をなす二元代表制は、憲法のこの条文がもとになっていて、都道府県も市町村もすべてこの仕組みによって運営されている。

二元代表制はすっかり定着しているものの、各地の地方自治の近況にかんがみると、この全国一律の仕組みにもある程度の柔軟性や多様性が加わった方がいいように思う。そう考える理由の一つに、地方の比較的小規模の自治体において首長の成り手が少なくなっている事情があげられる。

仕事柄各地に出かける機会が多いが、そこで時折聞かされるのが、議員選挙でも町村長の選挙でも立候補する人が少なくなったという悩みである。議員選挙の場合には定数を減らすことで取り敢えず急場をしのぐことができるが、一人しか選ばない町村長選挙にその手法はとれない。名乗りを上げる人が誰もいないので、不本意ながら高齢の現職の多選を許す結果に終わる。こんなことでは地域の将来に展望は見出せないと嘆く人もいた。

また、立候補する人がいるにはいるが、首長職を安心して任せられる人材ではない。本当は他にふさわしい人がいて、その人に是非やってもらいたいのだが、当人は選挙をしてまでやるつもりはない。こんな話を聞かされたこともある。

たしかに、選挙に出馬するには障害が多すぎる。筆者自身の体験でいえば、選挙運動そのものが大きな心理的障害だった。選挙とは所詮は自分を売り込む作業にほかならないが、見ず知らずの人に自らの利点や美点を説くのははしたないことで、慎みを大切にする人間のやることではないのではないか。謙譲を是とする日本の社会に選挙はなじまないと、しみじみ思ったものである。こんな考えを持つ人は少なくないはずだ。地方ではそうした傾向がいっそう強いから、それが地方の首長選挙で人材難を来している一因にもなっているのだろう。

こうした現状を踏まえたうえで、地方の自治体の活性化を図るにはどうすればいいか。その解答の一つとなるのが首長職選出方法の多様化である。今は二元代表制のもとに住民が直接選挙で選ぶ仕組みしか認められていないが、それ以外の仕組みも選択肢として許容するのである。

その一つが議院内閣制ないし議会内閣制である。国政において首相を国会議員が選ぶように、自治体でも議員の中から市町村長を選ぶのである。この仕組みは英国の自治体では一般的である。ある程度の期間を議員として活動し、その間の実績や評価に基づいて選出されるのであれば、首長としての「品質管理」は十分可能になる。

他にも、いわゆるシティマネージャー制と呼ばれる仕組みも考えられる。議員たちが、実質的な首長職を任せるにふさわしいと思われる人を内外から選ぶのである。これに似た仕組みは第二次大戦前のわが国の大都市で採用されていた。その仕組みの下で旧東京市では尾崎行雄や後藤新平、さらには鳥取県出身の奥田義人などが市長を務めた。

現行の二元代表制とともにこうしたいくつかの選択的仕組みを用意し、その中からそれぞれの自治体が地域の実情に応じて選び取る。こんな柔軟な制度であれば、自治のありさまは少なくとも現状よりは活気が出るのではないかと予想する。それを可能にするには憲法第九三条第二項の改正が必要になるという次第である。

以上、地方自治に関する憲法改正の論点を提示した。今後活発な議論がなされるべきだと思うが、その際に留意しておかなければならないことを最後に指摘しておきたい。

その一つは、地方議会に対する住民の信頼感がよほど回復しなければ、この議論は先に進まないだろうという点である。地方議会に対する住民の評判は総じて芳しくない。議会運営が形骸化し、学芸会化しているとの批判は概ねあたっている。議会は決定機関としての自覚に乏しく、決めたことに対して責任を取らないとの不満もある。一部では政務活動費をごまかしている不埒な議員の実態も明らかになった。こんな事情のもとで、今まで以上に強い権限を議会に与える方向での議論にどれほどの国民が賛意を示すか。甚だ心許ない。

もう一つは、冒頭で述べたように、地方自治をめぐる改憲論議が間違っても「お試し改憲論者」たちによってちゃっかり取り込まれたり、ご都合主義的あるいはつまみ食い的な改憲論議に巻き込まれたりしてはならないという点である。この点は繰り返しになることを承知で敢えてくぎを刺しておきたいと思う。

かたやま・よしひろ　一九五一年生。慶應義塾大学教授。地方自治。『民主主義を立て直す──日本を診る2』『片山善博の自治体自立塾』ほか。

人権を持たなかった女たちの本音から生まれたもの

北原みのり

昨夏、山形を旅行したとき、一〇〇年前に建てられたという豪農の家を改築した料理屋に入った。囲炉裏を囲み、こんにゃくや川魚の串焼きを炙りながら、ふと高い天井を見上げた。一〇〇年前、どんな人が、ここに暮らしていたのだろう。囲炉裏の煤で真っ黒になった梁を見つめながら、自分がここの家の女の子になったような空想にひきずられた。

雪深いある日、囲炉裏に張り付くように座っていた私に、背中の丸い小さな婆様が、私に嬉しそうに語りかけてくる。「おめぇも、春が来たら嫁さ行くんだな」と。私は一五歳の女の子で、その言葉に冷や水を浴びたような気持になる。隣村の会ったこともない年上の男に嫁ぐのは知っていた。でも、おら、この家が好きなのに、妹たちと一緒にいたいのに、なして出てかなくちゃいけねぇんだ。急に恐ろしくなって、婆様にすがるように言う。おら、嫁なんて行きたくねぇ!

婆様はあれま、と笑って本気にしない。「女が嫁行かねぇで、どうやって生きてくだ？　おらも怖かったけど、嫁いでみれば、なんてこたねぇものよ」と。婆様、おら、本気だ、ほんとに嫌なんだ!!

その頃ちょうど憲法二四条について話す機会があって、二四条関連の本を立て続けに読んだせいもあるだろう。「おら、やんだ！」と東北弁で心の中で叫びながら、本気で泣けてくるような気持になった。シングルの私にとって、婚姻の基本原則である二四条の「ありがたみ」を、実体験に基づいて実感する機会などないと思っていた。なんて愚かだったのだろう。ほかでもない、結婚をしていない私こそ、二四条「婚姻は、両性の合意のみに基いて成立し」（傍点筆者）という一文によって守られていたんじゃないか。「のみ」尊い！　私は半ば本気で「おら、やんだ！」と空想の中で泣き、二四条の尊さを噛みしめた。

日本の女の近代史をみれば、その歴史が人身取引の過酷さ抜きには語れないことがわかる。日本で初めてつくられた女性解放運動団体は、一八八六年（明治一九年）に矢島楫子等が設立した東京婦人矯風会（今の日本キリスト教婦人矯風会）だが、その最大の目的は妾制度廃止＝一夫一婦制の実現と公娼制度廃止だった。

そもそも矢島楫子自身が夫のＤＶに苦しめられた女性だった。女からの離縁など実質上不可能だった時代に婚家から逃げ上京したのが三五歳。その約二〇年後に矯風会を立ち上げた矢島楫子は、牛や馬のように取引される女を救うため、残りの人生を費やした。それは、ＧＨＱが廃止するまで公娼制度を手放さず、女の人権にまるで関心を持たなかった日本社会を根底から変えるための、人生をかけた戦いだった。

矯風会が掲げた一夫一婦制や純潔は、今のフェミニズムからすれば激しく保守的な価値に見えるだろう。実際、アカデミックなフェミニズムの中で、矯風会への評価は(不当に)低かったと言わざるを得ない。彼女たちの運動は女性解放運動の系譜としてではなく、性倫理観の強いクリスチャン女性たちの道徳運動とレッテルを貼られてきた。明治の女たちにとって、一夫一婦制が、どれほど切実だったか。公娼制度にどれほど苦しめられてきたか。そこへの想像力を薄れさせるほどに、私たちは「自由」になったとでもいうように。

二〇一七年の今。私たちは果たして、明治に始まった女性運動を「過去」と突き放せるほどの現実を生きているだろうか。子供を狙った買春者や業者が後を絶たず、外国人女性のパスポートを取り上げ、売春を強制する人身取引が現在進行形で行われている日本。性暴力表現が大量に消費され続けている日常。基地周辺での性暴力事件は後を絶たず、日本軍「慰安婦」問題は忘れられつつあり、「風俗を活用して」と米軍に呼びかける男性政治家が人気を博す社会。この社会が男性の買春や性暴力にどれほど寛容であるか、そしてそれは、男性の性文化が大日本帝国憲法下での価値観といかに地続きであるかを、私は常に突きつけられている。

改めて言うまでもなく、一四条や二四条など、女性の人権に関わる文言は、ベアテ・シロタ・

ゴードンさん抜きでは成立しなかった。二〇代の頃、ベアテさんの講演を聞きに行ったことがある。幼いベアテさんが、お手伝いの女性たちと台所で日本語で語り合いながら、日本の女がおかれている現実を理解したというのは有名な話だが、その話を聞くたびに私は日本国憲法を身近に感じ、大げさなようだが、本当に愛おしく感じる。それは、この憲法が「アメリカから与えられた」ものではなく、人権を与えられていなかった女たちの台所の本音から生まれたものであることを実感するからだ。男には言えない、女だけの空間で語られる悔しさ、理不尽な怒り。そんな思いが、この硬い法律の文言の背後にあることを感じるのだ。その悔しさは、あの時代の女性運動家たちのものでもある。私たちが記憶し続けなければいけない、悔しさだ。

掲げられた理想の高さに見合う現実を、まず生きたい。そういう世界を作りたい。そのためにフェミニズムがあるのだと、なぜか急に〝降りてきた〟山形の女の子に誓うような気持で。

きたはら・みのり 一九七〇年生。作家。著書に『奥さまは愛国』『性と国家』(以上、共著)『アンアンのセックスできれいになれた?』ほか。

北原みのり

IV

笙野頼子
PANTA
内田樹
小谷真理
岡田憲治
山崎拓
西山太吉
比嘉慂
白井聡

ガラス細工の至宝

笙野頼子

ＴＰＰ交渉差止・違憲訴訟の会に入っている。この一月、七回目の口頭弁論が終結した。審議は、まったく尽くされていない。裁判官も急に変わっている。国はリセットのつもりでしたのだろう？　このような、……。

悪魔の、地獄の、国民奴隷化の植民人喰い条約、それを批准してしまった場合に起きる憲法上の問題点、むろん、そこを、会は糺しているのである。え？「でも、ＴＰＰは流れましたけれど」だって（これこれ）？　そんなに甘く考えている場合ではない。

批准してしまった報いは受けるのだろう？　まず金髪碧眼のレイシスト大統領は、この批准を当然通商上の成果として利用するであろう（自分で流して、離脱しておいて）。そしてＴＰＰよりもっとひどいか、同等の奴隷契約を求めてくるのである。しかも国内関連法案は発効し（私は隠れＴＰＰと呼んでいるが）、特区は治外法権、「憲法なき地」となる。そんな中政府は三月の国会において、まず、種子と水道を売り渡そうとした。

今までの読書の他、内田聖子氏(アジア太平洋資料センター代表)のツイッターや会の方々の著書、会報により、私はこの件をなんとか追った。その中で憲法とは何か、新しい一面が見えたと思った。

憲法、それはTPPによって、或いはまた今後いくらでも襲ってくるいくつもの人喰い条約によって、底を抜かれる桶のようなものに「過ぎない」のだ。いくらたがを嵌めても、水を汲めなくなる。世界企業に付け込まれれば、それで終わりである。むろんそれは、対外的な問題において、まずもっとも大切にし尊重するべきもの慎重に扱うもの。

ネオリベラリズムの、自由貿易推進を建前にして、国家主権を侵す人喰い条約。憲法は民草を人間と見做すけれど、人喰いは資材、数字、搾取の対象としか思っていない。まさに根本的な対立である。そして憲法は、暴力団のようなIMFと使い走りのような日本の裁判官(中村みのり)から、笑って蹴り殺せるレベルにされてしまうだろう。それでも、このひどい国で生きる者のお守り本尊、国宝と言える。それは多数決が正義で人柱頼みの人喰い国家日本において、家庭や社会さえ守ってくれない人間を守る、最後の命綱だ。

何か「新しがってわけの判らない事を言いはじめた人」、「多数決で負けるのだから何をされても仕方のない人」、「そんなの別に心の問題にすぎないでしょ」、「何それ誰も知らないよ」などと決めつけられた上で、本当に心身が困ってしまう人々、そんな、何から何まで蓋をされて、黙らせられようとした人々さえ、最後になんとか憲法のところにこぎ付けられれば、生きられるかもしれない、そういう大事な道具、というか希望の種。

憲法が理想に過ぎないなどと言ってはならない。本質論よりも、理想を守りにして、すべて今あるものを少しでも守るのだ。

ところがＴＰＰはそんな憲法を喰ってしまう。主権在民ではなく主権在世界企業にする。立憲民主主義を無法もうけ主義に、人権を金権に変えてしまう。――この担当裁判官（中村みのり）は、自分の侵す罪を理解してないのか。正義の女神の前に立っていながら、そこまでも民の、地獄を望むのか。ちなみに、今後行われるであろう日米ＦＴＡ交渉には、ＴＰＰの本性とも思えるあのＩＳＤまたはＩＳＤＳ条項が付いてくるはずである。ＴＰＰかＦＴＡかどっちにしろ、……「ねえ殴り殺されるのと叩き殺されるのとどっちが好き」って事だ。またその他ＲＣＥＰ（東アジア地域包括的経済連携）という今開示もせず秘密交渉中の（本当は開示出来る）ものにも、この地獄の条項は付いているのである。ヨーロッパはもう絶対受け入れようとしない、既に海外では、この制度を変えようとしているＩＳＤ（Ｓ）、今国から巨額の賠償をむしるＩＳＤ（Ｓ）裁判はなんと世界週一で行われている。

ついでに言うと、最近数十カ国で協議しているＴｉＳＡ（新サービス貿易協定）というものも地味に怖い。これはサービス等の規制緩和をもくろみ、発効すると、民草は異様に貧乏になる。なのにそれらをＧ７参加国日本は受け入れるのか？　世界銀行に突っ込んでいるお金だけは世界第二位、女性の地位にかんしては百十何位？　そういう国において、内閣は今から民のお金を、否、お金ばかりか、人権、福祉、雇用条件、家族、児童、つまりは憲法の人間性を丸ごと喰っていく。放置すれば日本の支配者は多国籍企業の、「無名」の「会社員」がつとめる事になる。

　裁判官は答えない。無視していい程の軽い問題だと思っているのだろうか？　都合悪いから黙っているのであろうか？　違憲訴訟をやっつけ仕事にする気なのだろうか？　ならば誰がそれをするのか名を覚えて代々、恨まねばならない。怒り続けねば。

　こんな鈍い国でも、憲法は今まで七十年も戦争を止めてきたのだ。但し、――この間さえ、沖縄は戦中に等しい難儀を受けた。故に沖縄に憲法はない、という意味の事を、沖縄の知人は訴えるのである。その事を私、本土の人は忘れてはいけない。

しょうの・よりこ　一九五六年生。小説家。著書に『水晶内制度』『だいにっほんおんたこめいわく史』『ひょうすべの国』ほか。

憲法に責任を押しつける前に

PANTA

一九七〇年代、ロックバンドの頭脳警察をやっていたころのこと。オレが所属していたビクター・レコードに演歌を手がける鶴田哲也というプロデューサーがいた。殿様キングスや三善英史などでヒットを連発し、八〇年代にやはり「帰ってこいよ」で大ヒットした松村和子も鶴田がスカウトした。直木賞を受賞した山口洋子さんの小説『演歌の虫』のモデルにもなり、五木寛之さんの小説『艶歌』や『海峡物語』に登場する主人公「演歌の竜」こと高円寺竜三を地で行くような男だった(残念なことに、四〇代前半で亡くなってしまった)。

こっちはロックで、むこうは演歌。音楽のジャンルも趣向もまったく違う。だから話は合わない。なのに、不思議とウマが合った。それは、オレにも鶴田にも、音楽にかける情熱があったからだと思う。オレは「日本の新しいロックをつくるんだ」と全身で音楽と格闘していたし、鶴田は、オレが録音しているスタジオに遊びに来ては「パンタ、こぶしがまわっていないぞ!」などと冗談を飛ばしながらも、「このままでは、日本の演歌は育っていかない。おまえ、新しい演歌をつくってくれないか」などと深刻に話してきたこともあった。音楽に対する情熱の塊のような男だった。だから、話が合わなくても、ウマが合ったんだろうね。

＊

憲法改正について、正直なところ、オレは主体的に「改正すべき」「改正すべきではない」といった意見をもっていない、申し訳ないのだけど。でも、護憲派も改憲派も、その意見を聞いてみると、どっちも「お花畑」という印象をもってしまう。つまり現実に対する視点が弱い。

憲法さえ護っていれば、だいじょうぶ。とにかく何が何でも憲法を変えないようにしよう、というのでは、現実の政治や社会の動きを見過ごすことにもなりかねない。

その一方で、改憲派の意見にも大いに疑問を感じるね。日本が誇りをもてないのは、憲法のせい。アメリカに押し付けられた憲法で、軍隊をもつことも禁止されているから。憲法を変えて、プライドをもてる国に変えよう——。でも、本当にそうなの？

いまの日本をみていると、相変わらずアメリカによる占領国ではないか、と思ってしまう。たとえば、このあいだも「報道ステーション」（二〇一六年一二月六日放送）で取り上げていたけど、日米合同委員会の存在。一九六〇年に締結された日米地位協定をどう運用するかについて、日本のエリート官僚と在日米軍の高級軍人が定期的に会合を行い、それによって米軍の数々の特権が維持される仕組みがつくられているという。しかも、番組内での鳩山友紀夫元首相のインタビューによると、首相さえもその存在や会議の中身を知らされていないらしい。

トランプ新大統領が誕生すれば、すかさず安倍晋三首相が訪米して「日米同盟が大切。仲良くやりましょう」と頭を下げる。もう本当に、アメリカの五一番目の州にでもなってしまえ、とさえ思うよ。そうすれば、アメリカの選挙権をもって、大統領選挙にだって参加できるんだから。そっちのほうがマシだろ、と。

こんな現実の中で「押しつけ憲法ではなく、誇りのもてる憲法を！」と主張しても、やっぱり「お花畑」でしかないと思うんだよね。それに、いまの憲法改正の流れは、「日本も米軍とともに血を流して戦え」というアメリカの要請に沿って準備されたものという匂いもする。何か矛盾してないか。

改憲派は、九条を変えて戦力をもてるようにしようという。でも、重武装したからといって国を守れるとは限らない。実際、大国である中国やロシア、あるいはアメリカに武力で対抗しようとしたって、どだい無理な話。島国である日本に必要なのは、世界の情報を的確に察知し、収集する能力であり、それを活かすことのできる外交力だと思う。そして、それって憲法を改正する以前のことではないか。むしろ、いまの憲法をうまく活用することが大事なんじゃないかな。もっと、国民が賢くならなければ、憲法を改正したって、ロクな憲法にならない。

それに、いまの改憲派・護憲派に情熱や覚悟があるのだろうか。自分たちの情熱を真剣に注いで、「こうすれば、よい国になる」という思いをもって運動をしているのか。自分の主張に対する覚悟をもてているのか。「こういう国にしたい」という理想と情熱をもっているのなら、改憲、護憲どちらでも、どこか重なるところがあるし、議論もできるはず。憲法のことに限らず、最近の日本社会には、自画自賛で、相手を罵倒する態度ばかりが、どうにも目につく。

＊

やはり、頭脳警察をやっていた二〇歳そこそこのころ。ＮＨＫ教育テレビで、前衛的な音楽活動で世界的に有名な武満徹さんと対談したことがある。

こっちは、「世界革命戦争宣言」などを歌っていた時で、よくこんな対談を企画したものだと感心するけど。もっとも、武満さんは、実験的な音楽を目指すオレたちの姿勢を評価してくれていたのかもしれない。

対談のテーマは「音楽に力はあるか、ないか」。その時のオレの答えは、いまも基本的には変わっていない。それは「音楽に強い力があるとは思わないけれど、でも、あることを期待したい」というもの。人の心に働きかけることができる。それは、ある意味で、ほかに替えがたい強い力をもっていることなのではないか。

第二次世界大戦時、枢軸軍と連合軍の間で唄われた「リリー・マルレーン」しかり、太平洋戦争時、ビルマ戦線での日本軍とそれを包囲する印英軍、両軍の間で唄われた「埴生の宿」しかり、一時的にでも敵味方の立場さえもなくし厭戦状態になった例は実際にある。

ジョン・レノンの「イマジン」はオレが世の中で一番大嫌いで大好きな曲――なぜ?って、国境のない世界を、天国のない世界を、宗教のない世界を想像してごらんって歌詞だけど、みんなそのために血を流して死んでいったんじゃねえかよって叫びたくなるから。その「イマジン」だって、何度も放送禁止の憂き目に遭おうとも、時代も国境も越えて歌い継がれている。歌い継がれることで、平和を願う心が人々に受け継がれ、広がっていく。もちろん直接の戦闘に役立つような力ではない。でも、それとは別の強い力をもっていることを期待したい。そして、それはどんな軍隊よりも強く、国境も人種も時代も越えて心を揺り動かしていく。

しかし、この平和を願う心ってのがクセモノでもあるんだな。平和がほしいから敵を攻めるし、正義を振りかざして戦をしかける。人間の業はいつになってもキリがない……。

*

くりかえすけど、オレは、主体的に憲法をこうすべきという意見をもっていない。でも、憲法に責任を押しつける以前に、あるいはその逆に、現在の憲法を変えてはならない理想とするなら、目の前の現実や人に向き合うなかで、自らが良いと思う世界を目指してやるべきこと、情熱をかたむけるべきことはいっぱいあるんじゃないかな。

ぱんた　一九五〇年生。ロックミュージシャン。アルバムに『頭脳警察1〜3』(頭脳警察)、『クリスタルナハト』ほか。

写真：シギー吉田

自然物としての憲法

内田　樹

私にとって憲法は生まれたときからすでにそこにあった。だから、山とか海とか川とかと同じように、「自然物」としてこのままいつまでもあり続けるものだと思っていた。それがある歴史的条件下で生まれたものであり、その条件が失われたら消えるものだとは近年になるまで切実に感じたことがなかった。私たちの世代の憲法のこの「暫定性」に対する自覚の欠如こそが、憲法が壊されてゆくことの下地を作ったのだと今になって思う。

父たちの世代はそうではなかった。彼らは憲法の「脆さ」と「可傷性」にもっと自覚的だった。

私の父は明治四五(一九一二)年生まれ、敗戦の年には三三歳だった。彼は大日本帝国憲法下の帝国臣民としてそれまで生きてきた。満鉄に勤め、戦中は北京では宣撫《せんぶ》工作にかかわり、帝国の植民地支配に加担したけれど、それは強いられた仕事ではなかった。戦前戦中の父にとって、国家意志と彼のキャリア形成の間にさしたる齟齬《そご》はなく、父は大日本帝国憲法に着慣れた服のようになじんでいた。

父たちの世代の人々が一九四六年の暮れに日本国憲法前文を読んだときにどう思ったか、私にはうまく想像できない。「ここに主権が国民に存することを宣言し、この憲法を確定する」と述べた主語の「日本国民」という語に自分が含まれているという実感を父たちが持ったと私は思わない。けれども、前文を読む限り、日本国民に広々とした政治的自由を保証するこの憲法を日本国民は自力で獲得し自らに与えたという話になっている。もちろんGHQが「超憲法的」主体として憲法を制定したことはわかっていたはずである。でも、米国人たちはそれを日本人に与えた後、静かに立ち去るらしい(その期待はすぐに裏切られたが)。だから、制定時点で、父たちの世代にとって、憲法は「自分で仕立てたわけではないのに、自分のネームが刺繍されて手渡された晴れ着」のようなものだったのではないかと想像する(残念なことに、私は一度も生前の父に「憲法ができたとき、どう思った?」と訊いたことがなかった)。身になじんだ帝国憲法を棄てて、新しい憲法を身になじませるまでに、果たして彼らはどれくらいの時間を要したのだろうか。

私が子どもの頃、家では正月には日の丸を掲げていた。黄色と黒に塗られた竹竿の上に金のガラス玉をはめ、少し汚れた日の丸を縛り付けた。暮れになると押し入れの奥から国旗セットを取り出して用意するのは父の仕事だった。ある年、父が「もう日の丸はいいだろう」と言って、掲揚を止めると告げた。子どもの頃の私はこの儀式が好きだったので掲揚を止めると聞いて、ずいぶんがっかりしたことを記憶している。別に示し合わせたわけでもなかったのに、近所の家々もいつのまにか国旗を掲げなくなった。今にして思えばそれは一九五八年頃のことだった。

一九五八年が「大日本帝国の十三回忌」に当たるということに気がついたのはずいぶん後になってからだ。帝国臣民であった人たちは帝国の滅亡を戦後一三年ほど弔い続け、そして法事と同じように、ある程度の時間が経過した後に、「もう成仏しただろう」と思って国旗を畳んだのだ。大日本帝国憲法を「成仏」させて、日本国憲法という「もらいものの晴れ着」に袖を通せるようになるまで、おそらくそれくらいの年数を要したのである。勝手な想像だが、私にはなんだかそんな気がする。

私たち戦後世代にとって憲法ははじめからそこにあった自然物だった。でも、その意義を説き、それを護ることを教えた大人たちにとって、憲法はそうではなかった。だからこそ、「憲法」という言葉を口にするたびに、それを「ありがたいもの」だと受けとる人も、「改めるべきものだ」と斥ける人も、どちらも微妙に緊張していたのだと思う。私たち戦後世代は憲法を前に緊張したことがない。そして、戦中派の微妙な緊張を「どうしてあんなに身構えるのだろう」と不思議な思いで見つめていた。

憲法が施行されて七〇年経った。歳月は憲法に対してまったく違う印象を持つ新しい世代を生み出した。自民党の改憲案では、前文の最初の言葉は「日本国民」ではなく、「日本国」である。

「日本国民は……制定する」ではなく「日本国は……統治される」と受け身の文で始まったこの文には誰が統治するのかは書かれていない。

おそらくこの文型の方が現代日本人の日々の「被支配」の実感に近いのだと思う。彼らには、日本国憲法の方がむしろ日常の風景となじまない、いびつな「人工物」に見えているのだと思う。そんな空疎な憲法よりは、「国民には主権がなく、国会は国権の最高機関ではなく、公人は憲法を遵守しない」現実をそのまま写実的に描いた自民党改憲案を「自然物」と感じる自分の感覚に正直でありたいと思っているのだろう。私たちの世代が日本国憲法を「自然物」のように感じていたのはある歴史的条件の効果だったのだということを今思い知らされている。

うちだ・たつる 一九五〇年生。思想家、武道家。『内田樹の生存戦略』『困難な成熟』などのほか著書多数。

内田樹

SFでもなく、絵に描いた餅でもなく

小谷真理

二〇〇五年八月二三日のこと。西インド諸島で発生した熱帯低気圧が猛烈に発達して、アメリカ合衆国南部はニュー・オーリンズを襲ったことがあった。熱帯低気圧の名前は「ハリケーン・カトリーナ」。アメリカ合衆国史上でも類のない大きな被害をもたらし、日本でも大きく報道された。

台風の通り道たる日本では、とても人ごとではない、とばかりに、支援活動も大規模に行われ、対する感謝状は、今でもアメリカ大使館のホームページで読むことができる。ゆえに、かくもシリアスな災害をジョークのネタにするなど、人道的見地からすると、とうてい許されまい。ところが、ことカトリーナに関しては、現地にとんでもないホラ話が流れたのだ。あまりにも飛躍しすぎていたので、時々あれはなんだったんだろう、と今でも首をかしげる。

いわく、カトリーナは日本のヤクザが製造したというのだ。

笑い事ではない。こんなところでこんなアホ話を披露するのもどうかと思うが、事実は事実である。米国のとあるテレビ局のお天気キャスターが、あれは自然災害というにはおかしな雲の形をしている。日本のギャングとして知られているヤクザが、ロシアで一九七六年に発明されたハリケーン製造機を買い取って、広島に落とした原爆の報復をするために、カトリーナを製造したに違いない、と語ったという。くりかえすが、受けねらいのバラエティショーではなく、真面目な天気予報番組における発言である。

あまりにも過酷な現実に直面すると、ヒトは時としてネタでも口にしなければやってられない、と聞く。彼の場合もそうだったのだろうか？　日本では、あまりに非科学的なネタだったせいか、不発に終わった。腑に落ちない、というより理解できないジョークの類だったのだ。

でも、常日頃から、ファンタスティックなSF世界にいると、このジョークの根本にはとてもアメリカ人的なものが潜んでいると思ってしまう。つまり、自分たちの文明に被害を与えるものは、自然現象であろうとなんだろうと、エイリアン＝「他者」(他民族)とみなす特質が、垣間見えるのだ。エイリアンSFがアメリカで頻繁に作られ人気を勝ち得ている背景には、移民国家で、そこら中に異民族＝エイリアンがひしめく日常があるからだろう。SF的エイリアンの多くは攻撃者であり、いかにコミュニケーションを図るかがテーマになっていることが多い。

では日本の場合はどうか。日本に被害をもたらすエイリアンの代表格は怪獣で、最も有名なものはゴジラである。一九五四年に登場したゴジラは、太平洋戦争惨敗のトラウマを背負った恐怖のスーパースターとして登場し、以後半世紀以上にわたって何度も執拗に日本に上陸を試み、その時代の一番ステキな建築物を破壊する、という暴力的伝統芸能を編み出したことで知られている。

精神科医の斎藤環氏は、ゴジラには核兵器への恐怖があり、初代は敗戦と原爆、最新作では震災と原発の隠喩ではないかと指摘している。これには同感。でも歴代のゴジラ映画を見ていると、その接近模様は台風に近いのではないか。

核への恐怖の象徴たるゴジラは海外でも人気で、九八年にハリウッド映画になった。ハリウッド版ゴジラは痩せていてすばしっこく、攻撃力は抜群だった。当時は、マイケル・クライトン原作の『ジュラシック・パーク』が大流行りだったから、どことなくクライトン描く恐竜ティラノザウルスに似ていた。あの話は、太古の恐竜を蘇らせて、ディズニーランドみたいなテーマパークで飼い慣らし見世物にして金を儲けしようとしたら、暴れて手がつけられなくなった、という展開だった。米国のゴジラも、やっぱり飼おうとして飼い馴らせないエイリアン、つまり移民同化にまつわるすったもんだの象徴になっちゃうんだよな、と気がついた。ハリウッド版ゴジラの攻撃性は、軍事大国ならではのアメリカの無意識を反映して、無駄なく先鋭的な兵器よろしく攻撃目標はアメリカ市民に向けられている。

一方、日本のゴジラは、どこか攻撃目標もはっきりしない産物だ。少なくとも「日本を急襲する他国」というニュアンスはあまり感じられない。なんというか、進行方向にたまたま日本がありました、と言わんばかり。やっぱり台風や地震みたいな自然災害の象徴にも見える。自然災害とはコミュニケートできないから、専守防衛しかない、という理屈で自衛隊も出動する。意外にも、ゴジラ映画は自衛隊戦略の基本を守っていて、それが法的にどう解釈されるか、という憲法をめぐる侃々諤々の論議を彷彿とさせた。

日本国憲法は、アニメや漫画といったエンタテインメントの世界では、いつも最大限の効力を発揮している。世界的にも人気の高い士郎正宗原作、押井守監督作品のアニメ『攻殻機動隊』の設定は、複雑化する国際政治と高度化する科学技術の先端で、憲法第九条を遵守すべく、自衛隊で対応できない案件のために公安九課という架空の部署が警察内部に作られる、というものだ。物語は法でがんじがらめになりながら、難しい事件を解決する、お役所大国ニッポンのありふれた日常性がアイロニカルに描かれていて、その日常性を生きる主人公らのシニシズムとモラル感が、ゾクゾクするほど感動的なのである。

昨今、そんな法的すり抜け技術のスキルを上げるより、さっさとルールを変えてアメリカや国際レベルに合わせりゃいいじゃないか、という改憲の動きもあるようだ。でも、アニメの中で苦悩するサイボーグたちや、自然と一体化しながら人類との共存を示唆する怪物の苦闘ほどに、憲法解釈の議論を豊かにしてくれるドラマは、ほかに類例がなく、ちょっと勿体ない気がする。

いまや、日本のＳＦアニメはクールジャパンと呼ばれて海外にも絶大な人気を誇る。民主的リベラルの象徴たる日本国憲法の概念と格闘しながら鍛えてきた想像力が、世界的に愛され咀嚼されている事実を、もう少し反芻し再検討して未来へ繋げる道を、いまのわたしは模索している。

こたに・まり　一九五八年生。ＳＦ&ファンタジー評論家。著書に『女性状無意識──女性ＳＦ論序説』『エイリアン・ベッドフェロウズ』ほか。

憲法と「政治」の発見

岡田憲治

改憲論議を前にして、あらためて実感する。「〝憲法がこの世に存在する理由〟は、この社会に本当に伝わっていなかったのだ」と。市井に生きる者たちの多くが憲法を「学校の校則をうんと大きくしたもの」くらいに思うのはある程度仕方がない。だが選良たる現職の与党議員が「そもそも主権が国民にあるのがけしからん」と、狂気の沙汰の発言をして、それが放置されている今日、もはや他国の市民になりたい誘惑にかられる。

ところがこんな事態となっても、実は良いこともあったのである。四〇年以上も維持された憲法九条の解釈の変更が、議事録も作られず、国会の会期が終わった途端拙速にも閣議で決定され、それを受けて閣僚や議員の少なからずの者たちが理解していない、複雑怪奇な安保関連法案が壮絶かつ空虚な辻褄合わせとともに可決され、その後の選挙で改憲派が議席を増やす事態に及んで、なおも「良いことがあった」のか？

あったのである。それは、憲法を「政治」的に認識するという、我々の成熟に不可欠な道を明らかにしたことである。これはどういうことなのか？

安保関連法案が国会に提出された後、全国の憲法学者、弁護士、そして法学者たちは、圧倒的な比率をもって違憲法案への反対の意思表明に出た。それを合憲とするような隘路を、決死の覚悟で歩んだ憲法学者は両手の指で足りる数でしかなかった。

法案に反対する憲法学者たちの信念をかけた姿に、もちろん敬意を禁じえなかった。しかし他方で、中学三年生の時に発芽したモヤモヤとした違和感が四〇年近くを経た今、なおも確実に残存していることにも気がついたのである。それは憲法とデモクラシーの奇妙な関係である。

連立与党のなりふり構わぬ解釈変更と違憲立法への批判に対し、逆に政府を擁護する者たちの口からはいつも同じロジックが示された。「選挙に何度も勝ち民主的に選ばれた議員が決めたことを否定するのは、民主主義の否定ではないか？」と。

これに反論するのに、政治学徒としてはさほどの困難はない。民主的な選挙を通じて得た政治権力は、「その手続き的正当性のみでは担保されない」で終了である。民主的な選挙でとてつもなく暗愚なる政治家が選ばれることは、デモクラシーの想定内事態だからだ。

では暗愚なる者たちの暴走を制御するのは何か？　教科書には「だから憲法があるのだ」とある。憲法とは「この世には投票で決めて良い事と悪い事がある」という楔を打ってくれるものだと。

いくら民主的手続きだといっても「場合によっては人間を人種や性別によって差別してもいい」と、投票で法律にしていいか？「〝個人の尊厳と平等を前提にした民主主義を永遠に導入しない〟という条文を憲法に書き込むかどうか」を投票で決めていいか？ どちらも違憲でありダメである。つまり、憲法とはその時、明らかに「反デモクラシー」的なものとなる。

では民主政治の障壁となる憲法、つまり強力なダメ出しができる規範を、誰がどうやって決めるのか？ 教科書には「憲法制定権力」というものがあると書いてある。人は、憲法がなければ「国民」(nation)になれないが、憲法を作る前には「人々」(people)として立ち現れるのだと。つまり、制定権力の話が出てくると、ここで難問は蓋をされる。

しかし、本当はどうして憲法が生まれてくるかはよくわからない。そして、そのわからなさ加減について親切な説明があまりなされぬまま、「憲法が無ければ人権は侵され、政府は暴走して、またあの暗黒の戦時中のようなことになります！」と諭され続けてきたのが、この七〇年である。なるほど伝わらないはずだ。

憲法学者は言う。最高規範ですからと。弁護士や他の法学者も言う。決して手放せない人類普遍の価値であって、これが崩れると下位法の秩序も壊れますと。しかし、誰も教えてくれない。そんな大切なものを制定する「人々」が、どうして同時に「暴走する可能性を多分に秘めている」のかを。どうして、デモクラシーを守る憲法が同時にそれの足かせとなるのかを。

実は、そんなアクロバティックな芸当がなぜできるのかを考えることが、「政治」を考えることである。それは、「憲法規範とは天上より降臨する神の声ではなく、常に間違え、相矛盾する性格を併せ持った人間の社会技法のための工夫」だと言い換えることができる。

選挙で勝った「民主的な政府」が、選挙という制度を作る以前の「人々」によって作られた憲法によって縛られる。そして、それが選挙で行われる民主的な政治を守る。こういう風に憲法を教わる日本人は沢山はいない。長いこと憲法教育を憲法学者に丸投げしてきたため、憲法ができて七〇年を経て、やっと我々は憲法の中に「政治」を発見したのである。政治学徒の己の責任もここに浮上する。

これは、どれだけ理に依拠して真摯に規範を説いても「でもそんなの関係ねぇ」と冷笑する政治家の前で立ち尽くす我々が、その最中に見出した唯一の「良い発見」である。

おかだ・けんじ　一九六二年生。政治学。著書に『権利としてのデモクラシー――甦るロバート・ダール』『デモクラシーは、仁義である』ほか。

堂々と九条の明文改正を問うべき

山崎　拓

私は以前、『憲法改正――道義国家をめざして』(生産性出版、二〇〇一年)という本を出したことがあり、その中で各条項について自分の意見を書きました。肝の部分は九条で、九条はやはり改正すべきである、と主張しました。その中身としては、九条一項は戦争放棄、侵略戦争を行わないとの宣言でもあるのでそのまま残す、さはさりながら自衛隊は英語で言えばArmy, Navy, Airforceであることは間違いないので、自衛のための実力は保持しうる、ということは明確にした方がいい。そうでないと、義務教育の段階から実態と法文の乖離を疑問に抱きながら国民が育てられることになり、法治国家としての憲法遵守の精神や憲法に対する信頼性を損なう可能性があると主張しました。その思いは、いまも変わりません。

昨年亡くなった加藤紘一さん(元内閣官房長官、元自民党幹事長)と最後に会話したとき、多年彼とつき合ってきて、疑問に思いながらこれまで口にしなかったことを訊いてみました。

「何十年と一緒にやってきたけれども、九条を守るべきだという貴方の主張を確認したい。本気でそう思っているのか」

「本当だよ」

「一言一句変えたらいかんのか」

「変えたらいかん。憲法九条があるから日本は平和国家として七〇年間やってこられたのだ」

私はこれは一種の信仰みたいだなと感じました。彼は自民党の究極のリベラルだったと思います。私は九条改正論者ですから、リベラルでないかもしれません。一項は厳守するので、保守中道だと思っています。

安保法制の罪は深い

歴代の政権がそうであったように、集団的自衛権は、現行憲法をどのように拡大解釈してもそこは越えられない一線ではないかと思います。集団的自衛権そのものは国連憲章でも認められている権利ですし、日米安保条約でも存在自体は認められているので、自衛権といった場合に、個別的自衛権のみならず集団的自衛権も認められるのは理の当然ですが、今の憲法では集団的自衛権は認められないとする解釈並びにその判断の表明が歴代政権によって積み重ねられ、確立されてきました。一政権によってそれが変更されてしまうのはまさに解釈改憲にほかなりません。そのようなことがいったん許されてしまえば、解釈改憲の手法はこれからも使われていく可能性が高いし、憲法自体の土台が揺らぐことになるのではないか。従って、その意味においても九条の改正は必要である、と主張してきました。集団的自衛権を認めるなら、明文改正でやるべきで、二年前のやり方は適当でなかった。これは今後の内閣によって元に戻される可能性もあります。

個別的自衛権に関しては九条の範囲内である、九条は専守防衛を妨げるものではない、という解釈が確立され、歴代政権もその解釈に立って、国会答弁してきました。ですから、海外に自衛隊を出すとか、集団的自衛権を行使するということに関しては毫も考えたことはありませんでした。ＰＫＯ法が出来て、初めて自衛隊を海外に出すことになったのですが、これは集団的自衛権の行使ではなく、国際貢献ということでクリアしたわけです。法案が成立したのは一九九二年、冷戦終結の頃でした。これも九条の解釈の範囲内で、戦争行為ではなく、国連の平和維持活動として、武力行使は行わないということでした。

集団的自衛権の行使を認めた安保法案は、平和安全法制と称してＰＫＯ法まで十把ひとからげに入れてしまった。もっと憲法論争をすべきだったのに深まらなかった。そして詳しい説明を避けて動き出そうとしています。そのような経緯をたどったため、ＰＫＯは集団的自衛権の行使ではないのに、多くの国民が誤解をしています。それほど安保法制は罪深いものでした。

改憲のテーマ探し

私の著書では、九条以外のすべての条項についても検討を行い、問題点を指摘しました。しかし、変えなければ困る、改正されなければ、国民生活への悪影響を防ぎきれないという決定的、根本的なものはありませんでした。

いまの憲法改正論議は、改正のための改正です。九条に手を付けずに超党派的に合意が得られる部分について、いっぺん改正手続きをとってみよう、核心部分に行く前の予行演習として国民を憲法改正に慣らそう、心の抵抗を少なくして、憲法改正はできるんだ、ということを示そう、という狙いがあります。これまで一党で三分の二の多数をとった政党はなく、憲法改正は不可能だと思われていたのに、それを可能にする状況が国会に発生しています。自民、公明、維新のやり方によっては改憲発議ができます。

しかし、九条については、仮に発議できたとしても国民の過半数は支持しないだろうという読みがあり、それでは政権を失うリスクが大きい。政権を長く維持しつつ、同時に憲法改正という実績を残したいというのが現政権の考え方で、憲法改正の実際例をつくるためのテーマ探しをしているのが今の作業です。

大災害時の国政選挙の凍結とか環境権とか教育費の無償化とか、これならほとんどの政党が応じることができるというテーマ設定をしたい、それが今の動きですが、なかなかできないでいるのだと思います。それは意図的に設定させないという野党側の動きもあるでしょうし、超党派的に話をまとめる調整能力を持った人材が今の国会にいないということもあるでしょう。

私は最初から真っ向から九条で行った方がいいと思います。しかし、それが否決された時には政権が倒れます。政権の維持が第一義ですから、危険は冒さないだろうと思いますが……。

やまさき・たく　一九三六年生。元自由民主党副総裁、元防衛庁長官。『憲法改正――道義国家をめざして』『YKK秘録』ほか。

空文と化した憲法九条の戦争放棄条項

西山太吉

憲法の「改定」への機運が、このところ急速に高まり、改憲勢力による国会議席の三分の二の占有によって、これから一〜二年のうちにも、主権者たる国民に対し、「改定」への発議が行われる情勢となってきた。憲法の「改定」については、かつて五五年体制、すなわち保守合同の頃、当時の鳩山内閣によって提唱されたことがあった。

それは、在日米軍を一二年にわたって段階的に撤退させ、代わってわが国の自衛隊を増強していくという自主防衛—再軍備論に基づくものであった。同時に、この国防政策の抜本的な見直しとあわせて、冷戦構造下にあっても日ソ国交回復を達成し、国連加盟をも実現して、従来の向米一辺倒の国策を変更した。

続く石橋内閣も、こうした基本路線の方向に沿って、日中国交の樹立を目指そうとした。しかし、この国の基本方針は次の内閣によって完全に覆された。一九六〇年の日米新安保条約の締結により、日本の防衛・安全保障は全面的に米軍に依存することとなり(米国の日本防衛義務)、あわせて、台湾(中華民国)への支援策が一段と強化された。

この向米・反共の冷戦構造路線は、六〇年安保闘争に伴う国内治安の沈静化のため、経済政策を優先させた池田内閣によって、一時は緩和されたが、その後、沖縄返還を目指す佐藤内閣により確実に踏襲され、同時に、在日米軍の機能の大幅拡充がもたらされた。既に新安保条約の「密約」(朝鮮議事録)によって、在日米軍の朝鮮半島への派兵は「事前協議」の対象外とされていたが、沖縄返還の代償として、朝鮮に限らず台湾、そしてベトナムなど、東アジアの全主要地域への派兵は「事前協議」から外され、在日米軍は自らの判断に従って自由に行動できるようになった。

これにより、新安保条約の適用範囲とされた「フィリピン以北並びに日本及びその周辺の地域」の概念も、事実上消滅したことになる。このような方向付けは、沖縄返還後にいっそう発展していく。やがて「周辺事態法」の成立にともない、在日米軍が仮に世界に起こる重大な事件を〝周辺事態〟と認識しさえすれば、ただちにいかなる地域へも出動することが可能となった。〝周辺事態〟とは、地理的概念ではなく、事柄の性質によって判断されるべきものとされたからである。

そして、出動する米軍を、わが国の自衛隊は「後方支援」するのである。後方支援は「直接戦闘作戦行動」ではないというが、米軍への兵站、補給はあくまでも戦闘行動の一環であり、不可欠の要素である。かつて五五年体制時の鳩山内閣は、在日米軍撤退の付帯条件として、自主防衛体制の刷新を打ち出したが、新安保以降の日本は、在日米軍機能の全面拡充と同時進行の形で、自衛隊もまた増強していくという、まったく異なった構図となった。

イラク戦争の時、沖縄の米軍基地は「もぬけの殻」となってしまった。そして、自衛隊も米側の強い要請を受けて、陸上自衛隊の派遣にとどまらず、航空自衛隊もクウェート—バグダッド間の米軍兵士および物資のピストン輸送を担い、積極的な役割を果たした。この行動は、のちに日本の一部司法によって〝違憲〟とされたが、それまでわが国政府は「国連の人道支援への協力」という虚偽の情報を流していたのである。ISによるテロ戦争は、このイラク戦争の遺産である。かくして、欧米とは違ったわが国の中東への〝フリーハンド〟は失われてしまった。

在日米軍は、いまや本来の目的とされた日本防衛のために駐留する軍隊ではない。米国防総省の国際軍事戦略を忠実に履行する最強の海外軍であり、その駐留維持費の約八割を日本は負担している。現在の〝思いやり予算〟も、政府発表の一九七八年からスタートしたのではなく、本当のところは、一九七二年の沖縄返還当時から「密約」によって米国に供与されていたのであった。在日米軍はいまや、米本土の軍隊に比べてもはるかにローコストで維持されているのだ。このような在日米軍と自衛隊がいずれも〝違憲〟の状態にあることは明白である。

安倍内閣による新安保法制は、これまでの日米軍事一体化を集大成するものとなった。「我が国の存立が脅かされ」るという政府判断一つで、自衛隊は、海外の米軍の戦闘作戦行動に直接加わることができるようになった。いわゆる「集団的自衛権」の行使については、歴代の保守政権は、一貫して「違憲」と解釈してきたが、今回の新法制では、「合憲」へと変更された。このことは〝違憲〟の合法化を企図した一種のクーデターとさえ言えよう。

問題の本質は、すでに憲法九条の戦争放棄条項は、完全に空文と化しているという現実である。その空文を違憲の現実に対応させるべく〝改定〟しようとするのか、それとも違憲の現実そのものを根本的に改造しようとするのか、いま問われるのはその選択である。

にしやま・たきち　一九三一年生。元毎日新聞政治部記者。著書に『沖縄密約――「情報犯罪」と日米同盟』『決定版　機密を開示せよ――裁かれた沖縄密約』ほか。

ガンバレニッポン、ガンバレニッポン　比嘉 慂

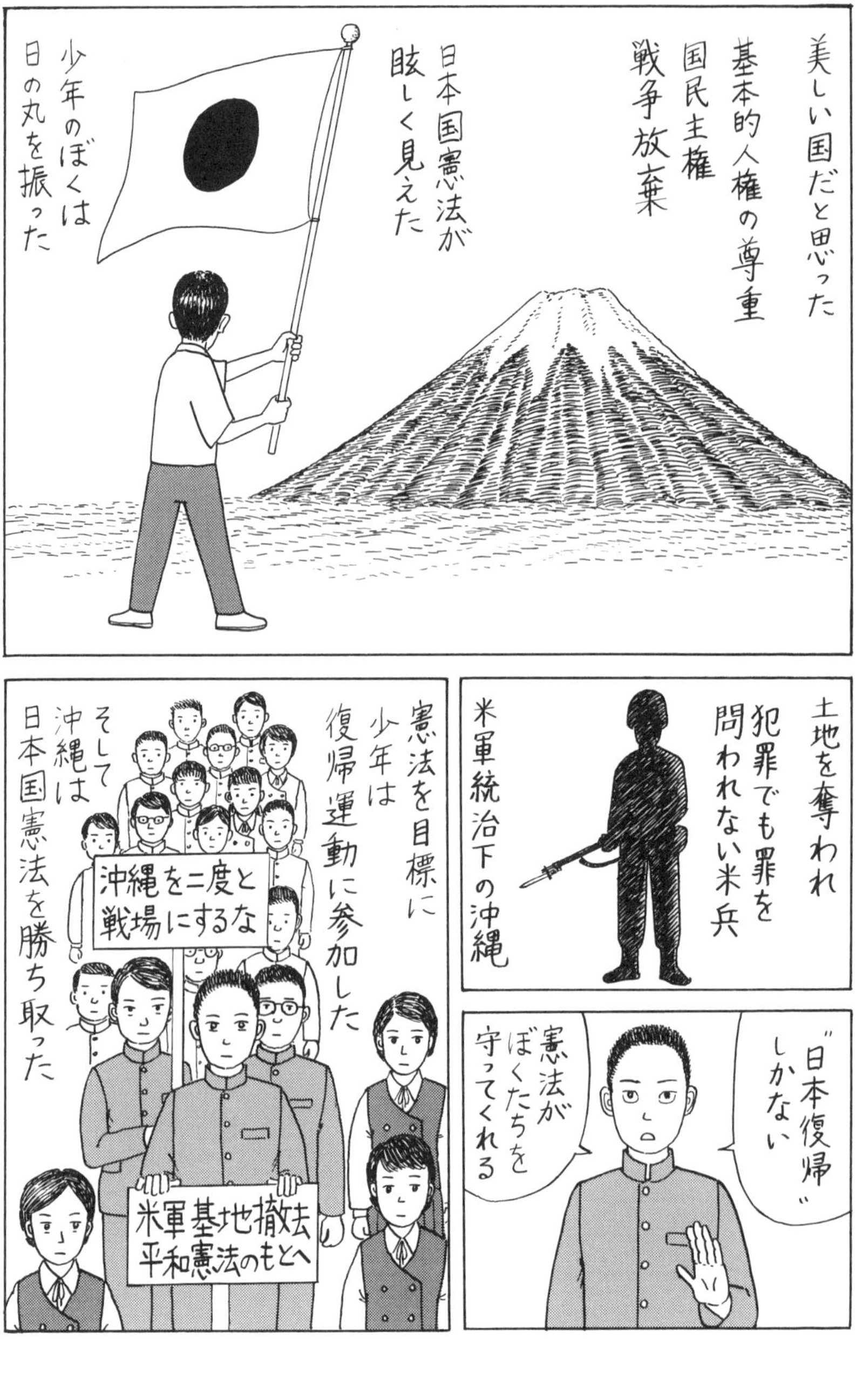

美しい国だと思った
基本的人権の尊重
国民主権
戦争放棄
日本国憲法が眩しく見えた
少年のぼくは日の丸を振った
土地を奪われ
犯罪でも罪を問われない米兵
米軍統治下の沖縄
"日本復帰"しかない
憲法がぼくたちを守ってくれる
憲法を目標に
少年は復帰運動に参加した
そして沖縄は日本国憲法を勝ち取った
沖縄を二度と戦場にするな
米軍基地撤去
平和憲法のもとへ

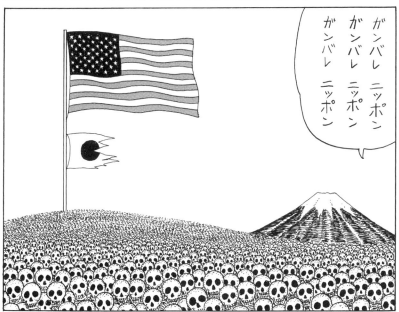

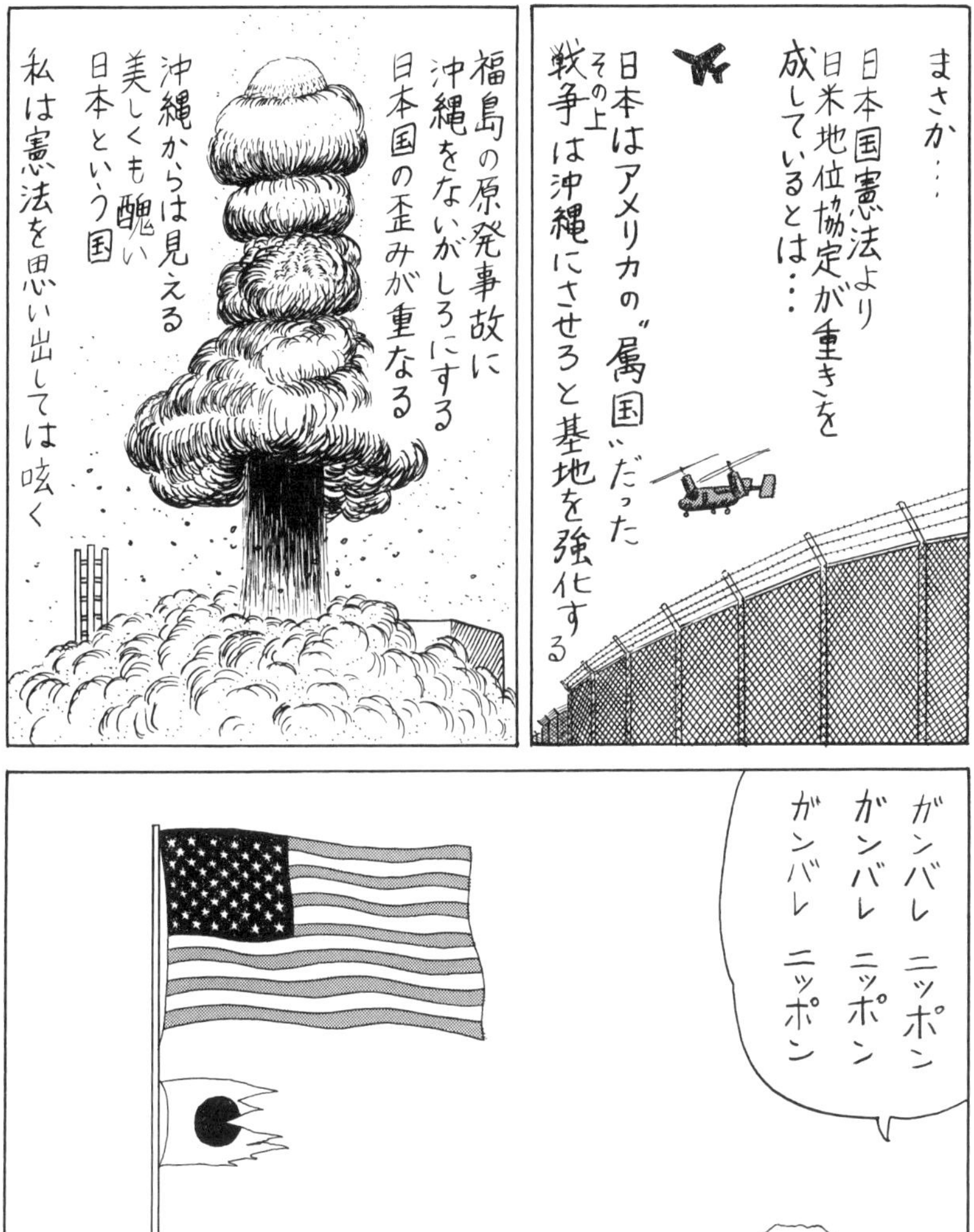

ひが・すすむ　一九五三年生。漫画家。作品に『砂の剣』『美童物語』ほか。

どのようにして「自らのものとして」持つのか

白井 聡

「改憲／護憲」問題は、長らく私にとって、取り組み難い問題であった。それは、「改憲／護憲問題こそ、戦後政治にとっての最重要問題」という改憲派・護憲派双方に共有されていた(と思われる)前提に対して、違和感を持ってきたためである。改憲派から見れば、戦後憲法は戦後日本の出発点たる敗戦国という状態の黴の生えた残滓であり、乗り越えなければならない。護憲派から見れば、戦前日本を無批判的に肯定する反動・反民主主義勢力とつながりを持つ自民党の支配が固定化されている以上、護憲(特に九条)は、戦後民主主義の究極的防御戦線である。かくして改憲派＝保守反動勢力／護憲派＝進歩平和勢力という図式が成立していた議論の状況に、納得のいかないものを感じていた。この問題設定は、疑似問題ではないかと感じていたのである。

そのように感じてきた理由を明瞭に自覚し、同時に憲法をめぐる真の問題は何であるのかを自分なりに把握できたきっかけは、矢部宏治氏の『日本はなぜ、「基地」と「原発」を止められないのか』(二〇一四年)に出会ったことだった。同書における憲法問題へのスタンスは、長谷川正安に代表される「二つの法体系」論に依拠している。「二つの法体系」論とは、戦後日本の法秩序は、表面的には憲法を最高権威としているが、実質においては日米安保条約(そしてそれに付随する公然および秘密の協定)が憲法に優越するものとして構成されている、と捉える見方である。二つの法体系が矛盾しない限りでは問題は顕在化しないが、矛盾が発生したときには、この構造が露わになる。要するに、この二重構造がある限り、日本国憲法にどれほど立派なことが書いてあったとしてもそこにさしたる意味はなく、また、憲法を改めようが護ろうがさしたる意味はない。「改憲/護憲」論議が疑似問題であるとは、このことである。

この現実を長年最も痛切に実感してきたのは、沖縄の人々であろう。米軍基地の存在から派生する様々な人権蹂躙的事態は、「二つの法体系」のうちどちらが本当の最高法規であるかをこの上なく明瞭に教えてくれるからである。だが、安倍晋三政権に代表される日本の支配層が対米従属へのさらなる傾斜を強めるなかで、「二つの法体系」は本土でもその姿をはっきりと現すに至っており、二〇一五年の新安保法制をめぐる政治過程はまさにそのきっかけとなった。集団的自衛権の行使を容認する憲法解釈の変更とこの変更に基づいた立法は、内閣法制局の人事に首相が露骨に手を突っ込むことで、また憲法学者のほぼ全員の反対を押し切ることで強行された。

その際の錦の御旗は「日米安保体制のさらなる強化」であり、首相がアメリカ議会で法案の成立を早々に宣言したことが、その露骨さを際立たせた。ちなみに、この「二つの法体系」を維持することで自らの統治権力を支えているのと全く同じ政治勢力が、この構造に手を付ける気など毛頭ないまま、「自主憲法制定」を怒号している状況は喜劇的と評するほかない。

かかる情勢が現れるなかで、従来の「改憲／護憲」論争が提起しなかった、もっと言えば、それによって覆い隠されてきた憲法問題の核心が見えてくるに至った。それは、「制憲権力」の問題である。戦後憲法の成立過程をめぐっては、改憲派の「押しつけ憲法論」とそれに対抗する護憲派の議論（代表的には、幣原喜重郎の九条起草への貢献を重視する議論や民間憲法草案のＧＨＱへの影響を重視する議論）が、激しく争ってきた。しかし、制憲過程全体が占領下で（すなわち主権が停止された状態で）進行したという事実は、動かし得ない。

つまり、戦後憲法の逆説は、「国民主権」を謳いながら、その制定過程において主権を実質的に保持していたのはＧＨＱであったところに存する。この逆説が最も先鋭に現れたのは、やはり九条に関連する場面においてであった。一時的にではあれ、吉田茂さえもが自衛権をも否定するほどの徹底的な武装解除を定めた意図と背景には、日本の軍事的無力化、天皇の免責とのバーター、国連軍を核とする世界的集団安全保障体制が成立するかに思われたこと、といった事柄があった。そして、朝鮮戦争開戦は、ポツダム政令による――いかなる民主主義的手続きもなしの――再軍備を日本政府に命じる。要するに、主権者＝米国の意思次第で、戦後日本は軍備を廃止し、そしてまた軍備を再開した。その後の自衛隊の法的ステータスの脆弱さと、それにもかかわらず活動領域が拡大していくというジレンマの起源は、ここにある。

今日、対米従属の自己目的化が昂進するなかで、そもそもは戦勝国と敗戦国、占領国と被占領国という圧倒的な立場の違いから生まれた構造が、再びあらわになっている。「改憲／護憲」の論争によって、今後日本国民がいかなる憲法を持つのかについては議論が重ねられてきたが、いかなる憲法であれ、どのようにしてそれを「自らのものとして」持つのかについては、あまりに議論がなされていない。今般の政治情勢は、制憲過程の問題への着目をあらためて促すこととなった。愚劣の極みというべき自民党の改憲草案がゴミ箱に入れられる時（それは同時に、「二つの法体系」から受益し、権力を私物化する勢力が滅ぼされる時でもある）から、本当の憲法論議が始まらなければならないであろう。

しらい・さとし　一九七七年生。思想史、政治学。著書に『永続敗戦論』『戦後政治を終わらせる——永続敗戦の、その先へ』ほか。

白井　聡

V

平野啓一郎
原　寿雄
西原春夫
浜　矩子
半藤一利
高遠菜穂子
佐藤芳之
伊東光晴

多様性の器としての憲法

平野啓一郎

私は、憲法は、多様性を前提とすべきだと思っています。国家は――ある共同体を維持しようというときには――常に分裂に至る可能性を含んでいますが、それを協調的な多様性に回収しようとするのか、単一的な価値で統合しようとするのか。現在の日本国憲法と自民党の改憲草案とは、その点で原理的に対立しています。端的な例が、「公共の福祉」が「公益及び公の秩序」と書き換えられている点でしょう。

しかし、後者が不可能であることは、二〇世紀のファシズムやスターリニズムを見れば明らかです。人間はどんなに密告を奨励し、秘密警察に監視させ、強制収容所を作ろうと、全員が一つの思想を共有する、というふうにはなりません。そもそも、生物としてのヒトは、他の生物と同様に、多様性を前提に進化してきたはずです。

今、日本で憲法観を問うときに躓くのは、そもそも「憲法」とはなんぞやという話と、日本国憲法のあり方とが未整理のまま議論されているからだと感じます。両者は、最終的には合流すべきですが、手順としては、一旦わけて考えるべきではないでしょうか。

憲法は、固有の意味としては、一つの国家がいかなる政治的共同体なのかを根本的に自己規定するもので、凡そいかなる国家も、成文化されているか否かを問わず、実質的に憲法を持っています。他方、近代の立憲主義は、更にフランス人権宣言が「権利の保障が確保されず、権力の分立が定められていないすべての社会は、憲法を持つものではない」と規定している通り、必ずしもすべてが憲法の名に値するものではないと、その必須の条件を定めています。

前者の意味では、ソ連のスターリン時代にも憲法はありましたが、それは後者の定義に照らせば憲法とは呼べないでしょう。

近代は、この欧米の立憲主義を「普遍的」な価値として定着させようとしてきた試行錯誤の歴史で、その過程では、二度の大戦のような大きな失敗もあり、第二次大戦後、平和主義、国際協調主義が憲法に明記されるケースも登場しました。日本国憲法もその一例です。

立憲主義が「普遍的」かどうかという点では、勿論、引っかかりはありますが、私は、欧米という地球上のとある一地方で独自に発展した叡智として、これを評価し、受け容れています。立憲主義の擁護を積極的に唱える人々、またその政治体制に満足している人々は、非常に多いでしょう。実際、国際秩序はそのような前提を基に形成されています。

憲法は、その最高法規性や「硬性」という語感からして、一見、非常に強固なもののように思われます。が、憲法の歴史を、一国に限って見ても、必ずしもスタティックではなく、むしろ、前者の固有の意味の憲法が後者の近代的な意味の憲法であり続けるために、成文化されたものを中心として、絶えずダイナミックに修正と補強を行い、均衡を保とうとしているように見えます。

一つの比喩ですが、スキーのジャンプ競技は、一旦、空に飛んでしまうと、あとはただ、風に乗って着地するまでじっとしているだけのように見えますが、選手に聞くと、あの一〇〇メートル前後の距離の間に風の向きや強さなど、条件がめまぐるしく変化するので、一瞬も気を抜けず、全身のさまざまな箇所を使って調整しているのだそうです。それに失敗すると、思いがけず、早く墜ちてしまう。観客からは、さっきまであんなに順調だったのに、なんで?と唐突に見えるのですが、つい今し方までの順調さが、必ずしも未来の順調さを保証しない、というわけです。

憲法学者にとっては、憲法の固有の意味と近代立憲主義というのは、「いろは」に属する初歩的な話でしょうが、後者だけが憲法なのだと、あまり自明のことのように語るべきではないのではないでしょうか? 歴史性をすっ飛ばして、プリミティヴな発想に飛躍するというのは、憲法論議に限らない、現代の一つの特徴です。そこにポジティヴに評価し得る何かがあるのは事実でしょうが、これまで積み上げてきたものを台無しにする懸念もあります。それを、単に「反知性主義」と揶揄してみたところで、対立を煽るだけで、却って逆効果かもしれません。

極端なナショナリズムが勃興する今日のような時代には、欧米近代の立憲主義の歴史を別段、踏まえることなく、むしろ、憲法は国の実質として、個々の国が好き勝手に定めて結構じゃないかという考えも発生するでしょう。どこまでその独自性が可能なのかと、当然考えられるはずですが。典型的なのが、個人の権利に対して抑圧的で、国家主義的な自民党の憲法草案です。しかし、固有の意味としては無限の〝独自性〟が許されようが、その上で、近代立憲主義を自己実現しようとする規定を内包した憲法を維持しているということにこそ、積極的な政治的意味を見出すべきではないでしょうか。

日本国憲法は、こうした議論の上に置かれるべきでしょう。

従来の「押し付け憲法論」は、交戦権と戦力の放棄は幣原喜重郎の発案だったとするマッカーサー書簡の発見などで、その破綻が一層顕著になってきていますが、勿論、その成立過程にGHQのプレッシャーが背景としてあったという事実自体は否定できないでしょう。しかし、敗戦直後に、まだ日本の「国体」を維持しようとする強烈なプレッシャーが他方で残存していたのも事実で、新しい民主主義的な憲法へと解放されることを歓迎した日本人は数多くいました。周知の通り、日本国憲法は、一九四六年の衆議院選挙を経て、国会で大日本帝国憲法の改正というプロセスを経て成立し、公布されています。そして、その後、改正はされませんでした。新しい憲法を、「独立国」として今、制定しようという人たちは、しばしばそれだけでなく、大日本帝国憲法への回帰さえ唱えていますが、どうしてあれこそが「日本」と言えるのか、非常に奇妙です。単純に制定に関わった日本国民の数だけを見ても、日本国憲法の方が遥かに多かったのは歴然とした事実です。日本国憲法の文体を問題にする人はいますが、大日本帝国憲法のロエスエルの試案をほとんど直訳したようなあの文体はどうなのか？

現代は、世界中どこでも、国家権力の弱体化が顕著になってきています。世界がグローバル化し、一方でインターネットの登場以来、個人と多国籍企業の二つのレイヤーが直結しながら活発化してきていて、国家の存在意義は相対的に低下しています。市民社会は豊かになるのか、貧相化するのか、正念場でしょう。

財政的にも逼迫し、個人のアイデンティティの拠り所としても弱体化していく国家は、その独占的な役割として、安全保障(軍事の独占)や徴税権に固執してゆく。その危機感から反動化して、個人の監視が強化され、国家権力が前面に出てくるというのが、現状です。本当は、福祉こそ、国家が最後まで担うべき領域だと思いますが。そうした国家に、自己を仮託する愛国主義の循環現象も目立ってきています。左翼にとっても、国家権力は、かつてのような否定の対象ではなく、その機能の健全化をこそ考えなければならなくなっています。

憲法の実質性を、国家の思想的アイデンティティに直結させ、「国体」のようなものを想定し、日本人とは何かという問いに、歴史的・排他的な根拠を求めようとするのは非常に危険です。ナショナリズムとは、ヨーロッパという土地に住む人々の歴史的流動性を鑑みるに、むしろ、多様性と対立の中から発生した、少々アイロニカルな、苦肉の策だったのではないでしょうか。自然法という発想自体、その歴史的背景には、内戦のような非常に悲観的な現実がありました。

国家の内的多様性という意味では、分裂はむしろ細分化されて止まるところをしらないでしょう。しかし、それが敵対的な対立によって無秩序化に至るのではなく、欠落を補い合うようにして、社会に明るい活気をもたらすような憲法を私は望みます。

平野啓一郎

ひらの・けいいちろう　一九七五年生。作家。『決壊』『マチネの終わりに』ほか。

写真：Ⓒ瀧本幹也

未来へ向けた人民のための導きの星として

原　寿雄

一九二五年（大正一四年）生まれの私は、第二次世界大戦が終わる一九四五年八月の日本敗戦の日まで、明治時代にできた大日本帝国憲法を読んだことがなかった。一八八九年に公布された明治憲法は、多くの国民が読んでいなかったようだ。国民として生きてゆくうえで、憲法など知らなくても、まったく差しつかえのない教育がなされてきたからである。

憲法は支配者のためのもので、支配される一般民衆には関係などないものとばかり思わされてきた。昭和前期は軍国主義教育のもと、支配者権力の意向が批判も抵抗もなくまかり通る時代だった。天皇が君主として独裁的に臣民を統治し、臣民は命を投げ出して尽忠報国を誓う――それが当時の日本社会の常識であり、明治憲法下のモラルだった。個々人の生き方を決めるのは政府権力者であり、それが権力者に従順な国民多数派の意向・意識だった。

基本的人権の保障などなかった。義務教育の小学校時代にも憲法の勉強などしたことはない。国の記念日に、校長がよく明治天皇の教育勅語を読み上げていたが、学校で旧憲法については聞いた覚えがない。「憲法」という言葉も「基本的人権」という言葉も、戦後になって初めて聞いたように思う。一九四五年までの日本国民は天皇の「私物」扱いだった。極言すれば、民衆を生かすも殺すも天皇の自由だった。

憲法が国民一人ひとりの人生に深く関係するものだと教えられたのも、日本が敗戦を迎えて以降だった。民主主義となった日本の新憲法は、国民の頭上に高く掲げられた国家的理念として、仰ぎ見るものだった。同時に新憲法は、国民一人ひとりが尊厳をもって自由に生きることのできる、基本的人権の保障などをうたい、国民の生き方と密接に関係していた。にもかかわらず、日常の暮らしの中に新憲法の意義がおりてくるまでには、相当な年月がかかったように思う。

ある時、親が役員として勤めている企業に息子が合格したという知人から、入社を自粛させるべきか否かを相談されたことがあった。縁故入社ではないと確信できる場合でも、縁故合格とみられやすいと、周囲への配慮から入社を辞退するケースは少なくなかった。これでは、憲法が保障する個人にとっての「職業選択の自由」の意味がなくなってしまう。私は憲法を重視し、それを暮らしに生かす道を優先すべきだと考えた。こうした周囲の目を気にするような旧い慣行とは対決すべきだ、と知人に伝えた。

敗戦時に二〇歳の成人となった私は、戦後、政治に参画できる有権者となった。戦後の日本が民主主義の道を進み始めたのと同じ時である。私は政治への参画を自覚し、選挙には必ず投票した。敗戦による日本再出発と自分の成人としての出発が重なった。その歴史のめぐりあわせを、感銘深く受けとめた。日本国憲法は、私にとって生きるための理念であり、日常の暮らしのガイドにふさわしいものである、と思うようになった。

それもこれも日本が第二次世界大戦に敗北して、全体主義ファシズム体制から脱し、自由民主主義陣営の側に移行する転機を迎えたからである。歴史に仮定は許されないが、日独伊による全体主義ファシズムの枢軸同盟が勝利していたらと思うと、ぞっとせざるをえない。国家社会主義ドイツ労働者党(ナチス)は、一九三三年一月に政権を取るや少数派政党を籠絡するなどし、やがてすべての政党を解散させ、ヒトラー総統によるナチス独裁を実現している。議会主義の手続きを踏んで議会主義の否定を実現した。

日本は敗北によって、新憲法体制と民主主義を獲得した。本来は、一九四五年八月に起きた政治的変革の主体となるべきだった民衆側に、「革命への転化」といった意識が欠けていた。そのことは、憲法や民主主義への無自覚を生み、政治に対する世論が熟することもなく、またリーダーも不在という状況を招いている。

こうした状況のなかで、安易な改憲論議が起きていることに危惧を覚える。戦前、国家のために国民が存在していた時代を経験した私は、日本国憲法こそ、二一世紀の世界各国の人民にとって、導きの星の一つとなるべきだと考える。この憲法をもち続けてきたことに、日本国民はもっと自信と誇りをもつべきではないか。

はら・としお 一九二五年生。ジャーナリスト。『安倍政権とジャーナリズムの覚悟』『ジャーナリズムに生きて』ほか。

無視してはならない憲法九条の世界史的意義

西原春夫

いま私が強調したいのは、現行憲法の歴史的意義を、単にその制定の経緯を中心に考えるのではなく、人類の歴史の流れ全体の中に位置づけてほしいということである。その場合一つのキーワードが浮かび上がってくる。それは、終戦直後新憲法の草案づくりに携わった「憲法問題調査委員会」の松本烝治委員長の私案が外部に漏れ、その保守性に驚いたマッカーサーが一九四六年二月三日に提示した三項目よりなる「マッカーサー・メモ」あるいは「マッカーサー・ノート」と言われる文書に書かれた「今や世界を動かしつつある崇高な理想」という言葉である。

その第二項は言う。「国権の発動としての戦争は廃棄する。日本は、紛争解決のための手段としての戦争も、自己の安全を保持するための手段としての戦争も、放棄する。日本はその防衛と保護を、今や世界を動かしつつある崇高な理想に委ねる。日本が陸海空軍を保持することは将来においても認められることはなく、日本に交戦権が与えられることもない」。

この条文は、後に、「自衛戦争」は許されるべきかの問題について、その後発表されたいわゆるマッカーサー草案との対比において注目されたいわくつきのものだが、その問題は省略することとして、私がここで強調したいのは、憲法九条の背景に、マッカーサーの歴史認識が横たわっており、それが九条の歴史的意義を端的に表している、ということである。


マッカーサーが「今や世界を動かしつつある崇高な理想」と言ったのは、単に武力による国際紛争の解決を否定した一九四五年の「国連憲章」第二条だけを根拠にしているのではなく、それが一九二八年の「不戦条約」を正確に受け継いだものであるところから、第一次世界大戦終了時以降欧米先進国の間に湧き上がってきた戦争の否定、ひいては戦争の原因である帝国主義の否定を内容とする大きな思潮の流れ全体を指していたと見るべきだろう。

私は明治維新後日本資本主義がアジア侵略に傾いていった要因はすでに明治維新そのものの中にあり、実はそれは当初は、帝国主義を当然と考えていた欧米先進国の思潮に沿ったもので、歴史の本流に掉さしていたと考えている。ところが第一次大戦の惨禍を目の当たりにして先進国がにわかに反省し、戦争はやめよう、できたら帝国主義もやめようと考えるようになってから、それが歴史の本流となり、それ以後、従来通りに帝国主義を続けた日独伊の行動は、歴史の逆流に転化することとなり、本流の前に逆流は勝てず、ついに国を滅ぼしたと考えている。

私流に言えば、マッカーサーはまさに敗戦国日本を逆流から本流に戻し、本流の思想を憲法の中に明示させ、それによって日本を国際社会に復帰させようと考えたのだろう。このような歴史認識に基づく着想は、初めて敗戦を経験した当時の日本政府の頭からは生まれにくい。日本はこの憲法に導かれたからこそ、いち早く国際社会に復帰できたのである。

しかも私が指摘したいのは、終戦当時には、その本流が不戦の思想を内容とするものであることは、不戦条約から国連憲章第二条へという流れの中で判明していたものの、それがさらに植民地化を正当とする帝国主義の否定まで含んでいるとは予測できなかったはずだし、ましてそれが実際に本流として今後とも維持できるかどうかは証明不可能だったということである。

しかし実際上はその後の歴史の流れの中で、少なくとも先進国同士の全面戦争はひとつも起こっていないこと、かつての植民地がことごとく独立していったことを顧みれば、第一次大戦終了後に沸き起こり、それに歯向かった日独伊が敗戦を迎えた一九四五年に確定的なものとなった歴史の本流は、元来そのような内容を持つ、まさに「崇高な」思潮に他ならなかったのである。

もっとも、最近におけるナショナリズムの台頭という現象を見て、これが現在における歴史の本流だと考える見解も現れてきている。しかしグローバリゼーションは、科学技術の発達に伴ういわば人類の歴史の必然現象だから、それに掉さした人類の思想と行動は、決して歴史の本流の地位を譲ることはない。とすれば現在台頭したナショナリズムは、グローバリズムの進め方の欠陥への抵抗という性格を持つものであって、本流に反抗する一時的な逆流と見なければならない。

私が強調したいのは、ナショナリズムが戦争を招きやすいからといって直ちに憲法を改正し、自衛戦力の保持を明文化すべきだという考えは短絡的だということである。憲法九条は、一切の武力の放棄を理想としつつ、自衛行動を必要とする現実が存続する限りにおいて解釈上自衛行動を認める弾力性を持っている。理想と現実を見事に調和する卓抜な規定と言わざるをえない。一時的な現実に対応するために理想を捨てるのはあまりにも惜しい。

改めて言う。憲法九条は、人類の歴史の今後の流れを先取りし、国際社会における国のあり方を明示した、まことに先進的な存在と見るべきだろう。これを無視してはならない。

にしはら・はるお　一九二八年生。刑法学。早稲田大学名誉教授・元総長。一般財団法人アジア平和貢献センター理事長。『刑法総論』『日本の針路　アジアの将来――未来からのシナリオ』ほか。

西原春夫

日本国憲法はグローバル時代の救世主

浜　矩子

グローバル時代とはどのような時代か。我々は、この時代をどのように生きればいいのか。どのように生きることで、グローバル時代は良き時代となるのか。これらのことを、常日頃、ひたすら考えている。この時代にエコノミストという仕事をしているのであれば、何とかこの問いかけに解答を見出す必要がある。いつもそのように考えている。この難題を追求すべき時を生きているというのは、経済的謎解きに携わる者として、誠に冥利に尽きる。厄介な時代になったと思いつつも、やっぱり、エコノミスト冥利だと感じる。

こんな心境で日々を過ごす筆者にとって、日本国憲法は実に貴重な指針となっている。グローバル時代が到来する以前から、日本国憲法は凄いと思って来た。その戦争放棄の決然たる構えは、何物にも勝る日本の財産だ。物心ついて以来、そう考え続けて来た。だが、いまや、日本国憲法に対する「凄い！」感は従来にも増して各段に強まっている。

日本国憲法には、明け暮れグローバル時代を考えている筆者の目を釘づけにした箇所が二カ所ある。いずれも、前文の中に出現する。

日本国憲法の前文は、次の一文をもって始まる。「日本国民は、正当に選挙された国会における代表者を通じて行動し、われらとわれらの子孫のために、諸国民との協和による成果と、わが国全土にわたつて自由のもたらす恵沢を確保し、政府の行為によつて再び戦争の惨禍が起ることのないやうにすることを決意し、ここに主権が国民に存することを宣言し、この憲法を確定する」。

この中に登場する「諸国民との協和」という表現が、まずは、筆者を瞠目させた。これぞまさしく、グローバル時代を生きる上での基本心得だ。

グローバル時代は誰も一人では生きていけない時代だ。国境をまたぎ、国境を越えて経済活動が広がる。誰もが誰かの供給力をあてにしている。福島の片隅で、一つの小さな部品工場が大震災の打撃で操業停止に追い込まれる。すると、世界中で自動車生産が止まる。いかに巨大にして強大なる者たちといえども、微小にして弱小なる者たちの支えなくしては、生きながらえていけない。それがグローバル時代だ。グローバル時代において、国境を越えた協和は全く必須であり、全くの必然だ。そのことを、グローバル時代が始動するはるか前につくられた日本国憲法が謳い上げてくれている。まるで、グローバル時代の到来を待ち受けてくれていたようである。

日本国憲法前文の第二の瞠目ポイントは、次のくだりだ。前文の最終部分に登場する。「われらは、いづれの国家も、自国のことのみに専念して他国を無視してはならないのであつて、政治道徳の法則は、普遍的なものであり、この法則に従ふことは、自国の主権を維持し、他国と対等関係に立たうとする各国の責務であると信ずる」。

「いづれの国家も、自国のことのみに専念して他国を無視してはならない」。よくぞ、言ってくれたと思う。「アメリカ・ファースト」ではダメなのである。「強い日本を取り戻す」とか、「世界の真ん中で輝く日本」などと言う旗印を掲げて、鼻息を荒くするのもいけない。ドナルド・トランプさんには、是非とも日本国憲法を読んでもらわなければいけない。安倍晋三さんには、日本国憲法前文の中身を知らないとは言わせない。いくら何でも、そうは言えないはずである。

「我が国さえ良ければ」主義を、日本国憲法はこんなにも明確に否定してくれている。実に小気味いい。誠に誠に、グローバル時代はこうでなければいけない。国境無き時代において、国々がひたすら自国のことのみに専念して他国を無視していたら、どうなるか。国家的な我欲と我欲のぶつかり合いの中で、平和は瓦解し、諸国民の協和の基盤が脆くも崩れ果てて行く。排外主義の妖怪どもがあちらからもこちらからも蠢《うごめ》き出て来る今、我々はこの日本国憲法の心意気を高く差し翳《かざ》して行く必要があると思う。

いみじくも、旧約聖書の中に次の一節がある。「飢える者におまえのパンを分かち与え、家のない貧しい人々に宿を与え、裸を見れば着物を着せ、おまえの同胞に見て見ぬふりをしないこと。その時、おまえの光は暁のように輝き出で、お前の癒しは速やかに生じる」(イザヤ書五八章七〜八節)。イスラエルの民への神の呼びかけである。

「おまえの同胞に見て見ぬふりをしないこと」と「自国のことのみに専念して他国を無視してはならない」は同じ心情、そして同じ信条を語っている。そこにあるのは、人の痛みが分かる人々の姿だ。人のために泣ける人々の思いだ。他の人々と協和出来る人々の願いだ。グローバル時代はその人たちのものだ。その人たちが、グローバル時代の救世主だ。日本国憲法の心意気こそ、グローバル時代の心意気である。

はま・のりこ　一九五二年生。エコノミスト。同志社大学大学院ビジネス研究科教授。『グローバル恐慌——金融暴走時代の果てに』『どアホノミクスへ　最後の通告』ほか。

浜　矩子

第九条のこと

半藤一利

憲法の「前文」に、「政府の行為によつて再び戦争の惨禍が起ることのないやうにすることを決意し」とあって、さらにちょっと進んだところで、「恒久の平和を念願し」「平和を愛する諸国民」「平和を維持し」「平和のうちに生存する権利」と、つづけて四つも「平和」がでてくる。

昭和二一年(一九四六)一一月の憲法公布の当時、わたくしは一六歳、旧制中学の四年生である。三月一〇日の東京大空襲で火と煙に追われて川に落ち九死に一生を得、疎開した茨城県下妻市で米戦闘機の機銃掃射をまともにうけて腰をぬかし、さらに疎開した新潟県長岡市で空襲に遭う。そんな体験をしているわたくしには、やっとバラックの建ちはじめた焦土に立って、憲法のこれらの言葉がほんとうにしみじみと身に沁みこんだ。戦争で空しく死ぬことがふたたびないことを願い、心から平和を希求する少年であった。

それで「この憲法にもとづいて平和な国家をつくろう」と大いに感激しているわたくしを嘲笑

した父の言葉がいまもよみがえってくる。

「馬鹿か、お前は。人類が存するかぎり、戦争がなくなるはずはない。そのためには人間がみんな神様にならなきゃならん」

さらには、数年たって読んだフランスの作家サン＝テグジュペリの絶望的な言葉が。

恐怖の描写ばかりに専念しても、われわれは戦争をなくすることはできないだろう。生きることの歓びと無益な死の悲惨をいくら声高に述べ立ててみても、われわれは戦争をなくすることはできないであろう。

（『人生に意味を』）

こうした厳しい言葉をときどき想いだしながら、戦後七〇年、ともかくも「平和で、穏やかな国をつくろう」と悪い頭にムチ打って、大袈裟な形容なれど〝必死に〟生きてきた。ところがここ十年ほど、憲法改正というきわめて重大なことが、風説と気分に流されながら大声で叫ばれている。いまこの国を覆っているこの底知れない軽薄さに慄然としている。長生きしてはいけなかった。

ではかわりにどんな国をつくろうとしているのかと、平成二四年（二〇一二）四月に発表された自民党の「新憲法草案」を気合いを入れてじっくり読んでみた。結果は、いささか呆れかえった。

なんだこれは、各省庁からの要求を片っ端から脈絡もなく押しこんだ施政方針演説と同じで、要するに標的になっているのは第九条の平和主義。これを潰そうと若干の知恵をしぼっただけのシロモノではないか、と。

改憲論の人々は、いまの憲法は「押しつけられた」夢想論で、現実の世界の緊迫した情勢に合わないと、口を合わせたようにいう。たしかに日本国憲法には〝この国のかたち〟としての理想的な姿が明記されている。理想を掲げたのである。その理想を放棄して現実の世界情勢に合わせて憲法をやたらに変えていったら、憲法はもう法ではなくなる。

そもそも憲法は権力者の勝手な無軌道な行動に正当性を与えるために制定されているわけではない。権力者が誤断で危ない橋を渡るのを制御するための足かせとして制定されている。

それに第九条の存在意義をいうなら、よくいわれるように、現実の事実として戦後七〇年わが日本は一度も戦火を交えることがなかったこと。日本の正規軍の兵士が他国の領土で人を殺していない、これは先進国のなかできわめて例外的で、誇っていい偉業である。それと軍部という組織を抱えこまずにきたということ。戦前の歴史に学べば、軍部という組織が、国の安全と国民の生命を守ることを大義名分として、独断専行と軍事裁判を盾に横暴のかぎりをつくし、いかに国家と国民を存亡の機に陥れる事態を招いたことか、それがよくわかる。このような無法の組織の出現を許さない、という痛切な反省の上に第九条がある。憲法の前文にある「政府の行為によつて再び戦争の惨禍が起ることのないやうに」の意味はここにある。

その第九条を廃絶するということは、軍隊をつくって「人の喧嘩を買って出る権利」「いつでも、誰とでも、したいと思ったら戦争をする権利」(内田樹氏の言葉)をもちたいということである。焼け跡でほんとうに沢山の、人間ではなく炭殻となった焼死体をみたわたくしは、死ぬまでその主張には与《くみ》しない。

それと余計なことながら、平成一五年(二〇〇三)に『日本国憲法の二〇〇日』という本をだしたとき、わたくしは第九条を発案したのは断定できないが連合国軍最高司令官マッカーサーではないかと書いている。それを当時の首相幣原喜重郎である、と貴重な紙面をかりて訂正しておきたい。というのも平成二八年(二〇一六)五月号の『世界』に載った東大名誉教授堀尾輝久氏の論文(「憲法九条と幣原喜重郎」)に教えられるところがあったからである。堀尾氏が発掘した憲法調査会会長の高柳賢三とマッカーサーの往復書簡がそれで、高柳の「幣原首相は、新憲法起草の際に戦力と武力の保持を禁止する条文をいれるように提案しましたか」というストレイトな質問にマッカーサーは、

「戦争を禁止する条項を憲法に入れるようにという提案は、幣原首相が行ったのです」

といとも明快に答えている。

論文にはもっといろいろあってくわしくは書けないが、いまの政権は第九条の発意はマッカー

サーによるもの、つまり「押しつけ憲法論」をベースに改憲を訴えているが、史実ははっきり異なることを明らかにしている。この堀尾論文はなぜかあまり話題にならなかったが、安倍首相にはぜひとも目を通してもらいたいと思う。でも、読まないであろうな。

はんどう・かずとし　一九三〇年生。作家、元『文藝春秋』編集長。『決定版　日本のいちばん長い日』『日本国憲法の二〇〇日』ほか。

〝護憲〟はゴールじゃない

高遠菜穂子

昨年、UAE（アラブ首長国連邦）のドバイ近郊にあるアメリカン大学で「平和構築という生き方」という演題で講義をする機会に恵まれた。大きなスクリーンのある会場には、予想をはるかに上回る九〇人以上のアラブ人学生が参加。なかにはシリアから逃れてきたという男子学生もいた。

質疑応答の時間、そのシリアからの学生がこんな質問をしてきた。

「第二次世界大戦後、日本は急激な経済成長を遂げています。母国シリアのこれからを考える上で参考にしたいので、その理由を教えてください」

待ってました、である。それこそ日本人としてここは自信をもって「平和憲法」のもたらした恩恵について答えておきたいところだ。

「いくつかの理由は考えられると思うが、一つは憲法が新しくなって、人々が戦争ではなく経済に集中できる環境に変わったことが大きいと思う」

予習バッチリなのか学生たちはうなずいている。私はさらに続けた。

「いわゆる〝平和憲法〟は日本の人々を戦争から遠ざけてきたが、一方でここ最近は矛盾が露呈してきていることも事実だ」

学生たちが大きくうなずいている。その反応に心がざわつく。

「日本の学生たちよりもみなさんの方がよく知っているようですね」と苦笑する私。日本は国際情勢のニュースが他国に比べて圧倒的に少ない「情報鎖国」状態であることを少し述べた。それについては、日本で教鞭をとっていた教授がすでに事前授業で話していたらしく、学生たちからは驚きの反応よりも「なぜ日本人は国際情勢に興味がないのか?」という質問の方が多く出た。

それにしても、アラブの若い世代に「平和の国ニッポン」を「過去形」で語られるということに衝撃を受けるとともに、「秘密がばれた」ような羞恥心、諦めの心情まで入り混じった、なんとも複雑な気持ちがした。そして、日本国内で広がっている「戦争しない国を守ろう」という護憲派の声とのギャップに、さらなる落胆と焦燥感を覚えたのだった。

「平和の国」というイメージがもはや過去のものであるなら、今の日本を表すキーワードはなんだろうか。中東カタールの衛星テレビ局アルジャジーラは、二〇一三年に『平和主義者の戦争』というドキュメンタリーを放送した。美しい日本の富士山をバックに記者が立ち、傍で陸上自衛隊員が演習のためのフェイスペイントを施す画から始まる。匍匐《ほふく》前進、パラシュート、戦車、戦闘機、旭日旗はためく護衛艦を映し出しながら、中国や北朝鮮の脅威、日本国憲法についての説明が続く。そして、「戦争放棄」を明記した第九条についての議論が起きていることが紹介されるというものである。当時は、何度も再放送されていたので、それこそワールドワイドに「真の日本の姿」が届けられたことであろう。防衛省も「抑止力」として日本の防衛力を見せつけることを目的に、陸海空の様々な部隊の取材を許可したに違いない。

私は日本でたびたびこの番組を紹介するのだが、旭日旗を見るまで「中国軍かと思った」とか「日本の自衛隊ってこんな感じなの⁉」との感想が出る。日本国内では、自衛隊＝災害救助のイメージが強いからだろう。日本人が思う「日本」より、外から見る「日本」はもっと軍事的だ。平和の国を標榜しながら米軍の後方支援をする。アルジャジーラのつけたタイトルはまさに言い得て妙というものだ。その後、世界のトップニュースになった武器輸出三原則緩和のニュースは自衛隊のイメージ映像とともに流れ、安保法案の強行採決は「平和主義から軍国主義へ」「平和主義を棄てた日本」という見出しで世界に流れた。

ＵＮＨＣＲ（国連難民高等弁務官事務所）の報告によると、紛争や災害によって家を追われる人の数は二〇一五年に六五三〇万人にのぼり、過去最多を記録。地球上の一一三人に一人が難民か国内避難民、もしくは庇護申請者というかつてない深刻な状況だ。

自衛隊がPKOで派遣されている南スーダンも「民族大虐殺の瀬戸際」と言われており、難民は一〇〇万人を突破した。派遣部隊に「駆けつけ警護」という戦闘可能な任務も付与されたためニュースは多いが、南スーダンの人々の窮状はどのくらい報じられているだろうか。人口一二〇〇万人のうち一五〇万人以上が難民で、政府軍も含めて虐殺を起こしかねないと懸念される中、誰に助けを求めればいいのか。自衛隊を撤退させる、させない、という議論の中に、そうした人道的な視点が抜け落ちていないだろうか。

イラクの人道支援現場での問題はいくつかある。日本政府のUNHCRを通じた避難民支援やODAなどでイラクの人々が恩恵を受けていることが日本であまり知られていないこと。また日本の支援団体には、日本政府の基準による〝安全〟を考慮した「外出制限」が厳しくかけられること。国際チーム編成などでは、その理由で日本人だけ参加できないケースもある。私のようなフリーは国際チームに参加はできても、日本政府から「退去」を勧告されてしまう。そもそも、日本社会では海外で人道支援をすることに異を唱える人も少なくない。これでは、国際協力や人道支援の現場でがんばろうという人が増えにくい。

憲法は、「日本がどうあるべきか」という国の理念を示すものだ。「戦争をしない」という誓いは何よりも尊い。けれど、その誓いは、けっして自己満足で済ませてはならない。いま日本は「戦争をしない国」から「戦争を止める国」へと一歩踏み出すときに来ているのではないか。尊い誓いを現実の国際世界で実践していくためにも、資金だけでなく非政府の人道支援者を多く輩出する「人道支援の先進国」を目指すべきだと思う。

護憲をゴールにしないためには、実践が必要だ。議論の空白を埋めるためには、もっと世界の人道危機に目を向けるべきだ。「日本人に何ができるか？」を答えの出ない〝永遠のテーマ〟にしてはいけない。いや、答えは出ている。足りないのは実践する人とその背中を押す人々だ。

たかとお・なほこ　一九七〇年生。イラク支援ボランティア。『破壊と希望のイラク』『戦争と平和　それでもイラク人を嫌いになれない』ほか。

高遠菜穂子

「この国の依って立つところ」を皆で考える

佐藤芳之

一九四六年に公布、四七年に施行された日本国憲法が七〇年目を迎えました。日本にとって大日本帝国憲法(明治憲法)に次ぐ二代目の憲法で、GHQによる草案は敗戦後の連合国軍占領下、日本人の関わりなしで、一〇日間の突貫作業で作成されたものです。平和憲法とも呼ばれているこの憲法は明治憲法と大きく異なり、基本的人権の尊重と国民主権を基礎として、平和主義を貫き、国の交戦権を否認し、戦力(陸海空軍及びその他の戦力)不保持を明記した世界でもまれなものです。

私が一九六六年来在住する東アフリカのケニアは、一九六三年に英国の植民地支配から脱して、ケニア人による独立国家を樹立し、同時に国民主権を謳う憲法を発布しました。しかし、この新憲法は、宗主国の英国で作成され、独立と同時に新国家に与えられたもので、植民地の統治手法を引き継ぎ、アフリカ人社会の習慣や伝統を十分に考慮したとは言えないものでした。

その後数度の部分修正を経て、一九九〇年代に入って、大統領に過度の権力が集中する初代憲法の見直しが叫ばれるようになり、各地で集会が開かれました。そして、二〇〇五年一一月に憲法改正の国民投票が行われましたが、否決され、その後もケニア人法律家や外国の憲法学者が草案作成に努め、また、全国的な公聴会、議論、草案修正が重ねられ、二〇一〇年八月に、再び国民投票が実施されました。その結果、三分の二以上の賛成で改正案は採択され、新憲法として発布されました。イスラム教徒や各部族の慣習法を考慮し、かつ独立後四七年を経て変化した社会情勢に見合う憲法として、高い支持を得たわけです。これにより、中央集権から地方分権(Devolution)へと国の統治形態が大きく変わりました。改正機運が起こり始めてから、実に二〇年余の歳月を費やしての結果でした。

一方、ケニアから眺める日本は、完璧な平和主義憲法のもと国民は自由と平等を享受し続け、世界で比類のないほどの経済成長を短期間で遂げて、豊かな国になりました。アフリカから見ると今の日本は、まさにこの荒ぶる世界で現実に存在する桃源郷です。外に優しく、内に甘く、内向的に完結した国をつくりあげたのも、この奇跡の憲法によるところ大と言えます。戦争を否定し、武力を放棄して七〇年もの間、平和な社会を保てたのは、容易ならざることです。

この平和が永遠に続くことを祈り信じて、護憲を唱え、この平和憲法の一字一句も変えてはならぬと主張する人々がいます。他方、日本はすでに、憲法第九条に反し世界一流の軍事力を保持

佐藤芳之

しているではないか、虚偽と矛盾を捨てて、現実と向き合うべきだと、改憲を説く人々もいます。

護憲派と改憲派の間に日本特有の玉虫色的解決策はありません。第九六条に、改正についての手続きが端的に書かれています。国会が改正案を発議して、国民投票にかければ良いだけのことです。二〇〇七年五月に憲法改正手続法がすでに成立しています。国民の間に論議を呼び起こし、この国の依って立つところはどこか、を我が身のこととして、世代を超えて皆で考える機は熟していると捉えるべきです。二〇年余を費やしたケニアの例もあります。まずはそれぞれが改正案を発表し、じっくりと審査検討のプロセスを経て発議、国民投票にかける、そしてその結果が否決だったら、現行憲法を護持する。また、賛成多数の場合は新憲法として発布する。どちらかが勝ちそうだからやる、負けそうだから先に延ばすという次元の話ではないと思います。国としてこの平和と繁栄をどこまで続けられるかの、ごまかしのない選択を迫られています。

対外関係については、「条約及び確立された国際法規は、これを誠実に遵守する」とありますが、守らない国があり、攻めこんできて、日本を領土化し、平和憲法の幹たる基本的人権、国民主権を奪おうとする事態が発生した場合、どう対処するかとの点について、現行憲法は答えません。自前の安全保障の無効化を明言する第九条の国の交戦権の否認、戦力不保持の宣言を固守すれば、侵略国のなすがままにしているしかありません。国連憲章に、加盟国は自衛する権利を有する、とあってもその権利の行使が憲法上できない縛りがしっかりとあるからです。

しかし現実は、自衛隊という相応の戦力をすでに保持している、そして、そのグレードアップのための国費は国会の承認を得て年々計上されているのも、紛れのない事実です。この点をクリアーにするための全国民的憲法論議は、ごくごくあたりまえのことであり、私にとっての憲法は、何がなんでも護り抜くものではなく、時代の変化に反応して、変わるべき時には変えて然るべきものです。

ただし変えてはならない点は、ただひとつ、ワイマール憲法下、非常事態宣言を恒久化し世界大戦に突き進んだヒトラーや、暴走した日本の軍部の轍だけは踏まないように、「国民主権」を普遍的価値として断固維持することです。

さとう・よしゆき　一九三九年生。在ケニア。オーガニック・ソリューションズ・ルワンダ会長。著書に『OUT OF AFRICA アフリカの奇跡』『歩き続ければ、大丈夫。』

憲法九条の心は明治にもあった

伊東光晴

いま、憲法が問題になっているのは、憲法第九条を改正し、軍隊を制度化しようという勢力が、国会で、改正発議に必要な三分の二をこえ、改正が現実の問題となっているからである。

もちろん改正は国会だけで出来るものではない。憲法第九六条には、国民に賛否を問うことが求められており、過半数の支持をえなければならないとされている。この国民投票というハードルゆえに、改憲勢力は、直ちに改憲へと進みえないのが現状である。

それゆえ安倍内閣は、改憲せずに、自衛隊が海外で、武力を行使することを可能にし、憲法第九条の空洞化をはかった。そして、最後の仕上げとして、いつ憲法改正の発議に踏み切ろうかと、国民世論の動向を注視しているのである。

国民世論は、ある意味では不安定で、時に外国との摩擦、紛争で大きく変わる。

戦後日本の国民の間に浸透した平和主義の世論を動揺させた最初の出来事は、一九五二年一月、韓国が一方的に宣言した海洋主権宣言ともいうべき「李承晩ライン」であった。

九州と韓国の間で操業中の日本の漁民が、これによって、次々に抑留された。当然、反韓国の国民感情がかきたてられ、韓国になめられているのは、軍隊がないからだ、と、エスカレートした。李ラインは、六五年に廃止されたが、対外紛争が、世論に与える影響の大きさを示すひとつの事例であった。

北方領土問題で、反ソ感情をもりあげ、国内政治に利用しようとする右派の試みは成功しなかったが、尖閣列島問題での対中国摩擦は、現に、世論に大きな影響を与えている。中国の行動が、日本のナショナリズムを刺激しているのを、改憲勢力は利用しようとしている。

改憲勢力は日本国内だけではない。アメリカの軍部・CIA複合体が、背後の推進者である。アメリカの権力構造が二重であることを、経済学者で、インド大使をつとめたガルブレイスは気づいていた。大統領ケネディも動かしえなかった軍とCIAの結合である。

日本でも、国務省からの流れはアメリカ大使館であるが、もうひとつの流れの拠点は横田にあるといわれている。

アメリカは民主主義国家である。世論の支持なしに政治決断はできない。それゆえに開戦のために、政権による世論操作が行なわれる。一八四六年五月にはじまったメキシコとの戦い、一八九八年四月からのスペインとの戦いに――いずれも世論操作のための工作が行なわれたという。

後者についていえば、キューバのハバナ湾に停泊していたアメリカの戦艦メイン号が、スペインが仕掛けた機雷で爆発されたという謎の事件である。これで反スペインの世論がもりあがり、戦争へと向うのである。

歴史は、民主主義国家が陰謀国家であるかもしれないことを示している。それゆえに、尖閣列島をめぐる紛争が懸念されるのである。

戦後冷戦の進行とともに、事実上、日本をおさえていた米軍は、アメリカの政策転換の上に立ち、日本を再軍備への道に歩ませようと計画した。それゆえであろう。東條内閣の主要閣僚であり、関東軍とともに満州国建設に中心的役割をはたし、A級戦犯容疑者として、東條英機とともに巣鴨拘置所に収監されていた岸信介を釈放し、その後の政治活動を可能にした。岸は一貫して日本再軍備の道を歩むのである。アメリカの意に沿って、自主憲法制定という矛盾をかくして。

憲法第九条は高い理想主義の上に立っている。「国際平和を誠実に」求めていく日本国民は、「国際紛争を解決する手段として」「武力による威嚇又は武力の行使」は「永久にこれを放棄する」と。それは「平和のため」として中国に侵入した過去への反省であり、安倍内閣のいう「積極的平和主義」として、自衛隊の武力行使を認めるという考えの否定でもある。

そして憲法はこれを受けて、第九条二項で、「陸海空軍その他の戦力は、これを保持しない」としている。それは高い理想主義のあらわれであると同時に、アメリカ軍部の対日軍事力強化要求を削減する自民党リベラル派の現実的支えとなってきた。

一歩離れて第九条を見れば、このような理想主義が日本の過去になかったわけではない。田中正造は、「世界海陸軍を全廃すべし」と書いている。明治の世にこのような発言は稀有である。明治、大正の日本は、これとは逆の「坂の上の雲」の道を歩み、昭和にいたって、中国に侵攻し、岸的人間をつくり出し、対米戦争へと進んだ。

私のように戦争をはさんで青年期をすごした人間は、今、田中正造を新憲法に重ね、二度の世界大戦を経験し、平和な社会を構築しようとする世界的流れの中で憲法を受け入れた青春の思いが、今も続いているのである。

いとう・みつはる 一九二七年生。京都大学名誉教授。経済学。『ケインズ』『ガルブレイス』ほか。

Ⅵ

西谷修
鹿島徹
丹羽宇一郎
鈴木邦男
保阪正康
佐藤直子
親川志奈子
井戸まさえ
久米宏

立憲国家のメルトダウン

西谷　修

二〇一四年七月に安倍内閣は集団的自衛権の行使容認を閣議決定した。どうやら安倍政権下ではこの閣議というのが、国の規範的真理の決定機関となったようだ。二〇一五年六月の衆議院憲法審査会で、各党推薦で呼ばれた憲法学者全員が一致してこれを「違憲」と断定したにもかかわらず、何が正しいかを決めるのは政治だとして、閣議決定は押し通される。そしてこれにもとづいて政府は安保関連法案を提出、衆参両院で強行採決して自衛隊の海外派兵が可能になったとされ、「駆けつけ警護」という急造概念の任務を付与された武装自衛隊が南スーダンの紛争地に派遣された。と同時に、軍需産業や武器輸出それに軍事研究の促進が図られる。

それ以降、政権は、何でも閣議決定する。最近では、度重なる選挙で示された沖縄の民意をあからさまに無視して新基地建設を強行する政府に対し、不屈の抗議を続ける住民運動を指導してきた山城博治氏を、微罪で逮捕し長期勾留することが「人権を尊重した処遇」だと閣議決定した。

また、日本初を謳う神道学校「安倍晋三記念小学院」計画に協力し、その「名誉校長」を引き受けるなどしていた首相夫人が、「私人」であるから問題化できないとすることまで(答弁書として)閣議決定した。「私人／公人」とは、政府閣僚の靖国参拝を問題化しないために使われてきた区別だが、公権力を担う地位にある者が、社会的な行動を行うかぎり公権力と無縁な行為とはなりえず、こんな区別には実は何の意味もない。「私人／公人」の区別があるのではなく、あるのは、「公人」でしかありえない首相による権力の私物化だけである(あまりにあたりまえだから、これがいけないと憲法には明示されていないが)。

この安倍首相は、就任早々、日銀総裁の首をすげ替えて金融政策の慣例的な自立性を無効にし、NHK会長にも息のかかった人物を据え、内閣法制局長官まで慣例を破って外務省出身者に変え、金融、メディア、法制のチェック体制を掌中に収めたが、それだけでなく、最高裁判事の選任にまで手をつっこんでいることが最近知られるようになった。

当人は安保法制審議の国会審議にいらだって「(憲法解釈の)最高責任者は私だ」と訳の分からぬことを言い、後には「私は立法府の長」とさえ言った。それは彼が自国の政治制度について無理解であることを示してもいるが、二度の衆院選と参院選で絶対多数の議席を確保し、どんな法律も通せる以上、行政府の長である自分が立法府も意のままにできるという「事実」を公言したにすぎない。そして沖縄関連訴訟に顕著なように、今では事実上、司法もほぼ「コントロール下」に置いている。

おそらく安倍政権は、集団的自衛権の行使容認を閣議決定したときから、憲法は無視すればよい、それがあっても事実上反故にできると気づいた(あるいは確信した)のである。行政権力にはそれが可能だと。それ以来、憲法はあってなきがごとく、労働に関する立法も、家族に関する立法も、共謀罪も、どうみても憲法との整合性を疑われる法律を次々に作ろうとしている(それを規制するはずの内閣法制局は、ある元最高裁判事に言わせれば「いまは亡い」)。

さすがに憲法もこのような政権の登場を予想していない。憲法は、天皇や国務大臣に尊重義務を課しているが、当の国務大臣(総理を始めとして)が憲法を守る気がないだけでなく、それを「みっともない憲法」としてまるまる廃棄しようとしているのだから、何をかいわんやである。

ちょうど戦後五〇年目の頃から、「主権在民」「基本的人権の尊重」「非戦国家」を柱とする日本国憲法を廃棄して、これを全面的に逆に書き換えようとする勢力が伸長し、とうとう第二次安倍内閣を成立させた。この政権の目的は、時代に合わなくなった条項に変更を加えようという「手直し」ではない。言われるところの「改憲」とは、今の憲法そのものをお払い箱にしようということである。しかしそれを正面から言うと実現できない。そこで、背広の下に軍服を隠しながら逐条的な「手直し」だと言いくるめる。

「自民党改憲草案」とは、日本国憲法を根本から否定し、それにとって代わろうとする別の憲法案である。それを掲げる政権が国会で絶対多数を握った。そのこと自体がすでに「尊重義務」違反なのだから、この政権は、憲法はあってても守らなくてもいいということに気づいたのである。あるいは、黒を白だと「解釈する」ことを閣議だけで決定できるとしたのである。それが二〇一四年七月、それ以来、安倍政権はアメのように溶けてしまった憲法を尻目に日本を引っかき回している。これこそが立憲国家のメルトダウンとも言うべき事態だろう。そのメルトダウンを隠し、首相官邸という名の「免震管理棟」のなかで、この政権はあらゆることを閣議決定で決めている。誰がこの「緊急事態」を収拾できるのか、それがいま問われている。言うまでもなく、それは「主権者」である。

にしたに・おさむ　一九五〇年生。哲学・思想。著書に『不死のワンダーランド』『アメリカ　異形の制度空間』ほか。

西谷修

無題

鹿島徹

わたしの通った小学校は、その名を「平和小学校」という。創立は一九五五年。敗戦十年目の年だ。

いまネットで検索すると、全国いくつかの土地に「平和」小学校が現存していることがわかる。これらもまた、同じころに開校、あるいは改称したものだろうか。

♫　平和の白鳩　はぐくむところ

校庭の一角にあったやや大きめの鳩舎に、校歌の出だしの「白鳩」はいなかったように思う。だがその代わりにわたしたち自身が、一学年二クラス、各級二〇人以下という環境のなか「平和の白鳩」として育てられた。例外的に、なぜか全校生徒に隊列を組んで「行進」なるものを定期的におこなわせる、目つきの鋭い細身の中年教員がいた。元軍人として戦前戦中へのノスタルジーをいだきつづけていたのだろうか。それをのぞけば、教室で受ける授業はまさに戦後民主主義を具現する「平和教育」であった。その中心には「平和憲法」が位置しており、いま思えばその前文に、わたしたちの受けた教育の核心が表現されていた。

「恒久の平和」といったむずかしい言葉は教わらなかったけれど、あの無謀な戦争に負けて、それへの反省のもと、いまこうして平和な時代がやってきた。これからは世界各国と協力して、武力を必要としない未来がやってくる。日本国はその先駆けになる。そうしたメッセージが、幼いわたしの心に植えつけられた。東京二三区内に建つ校舎の二階からでも、冬あざやかに富士山を望むことができた時代のことである。

一九九九年、君が代・日の丸が法制化された年に、わたしの「平和小学校」は近くの大規模校と統合され、いまはもうない。

*

父方にひとりの叔父がいる。といっても写真でしか顔を見たことがない。シベリア抑留中に他界したと子供のころから聞かされてきた、永遠に不在の叔父である。

小平霊園にある家墓の墓誌には「昭和二十一年二月十三日　シベリアにて戦歿《ぼっ》」とある。このとおり、遺族にとってはまさに戦争が終わって半年のちの「戦歿」であった。
その叔父のことを、ときとして夜更けなどに想うことがある。生きながらえて敗戦後に復員していたなら、甥にあたるわたしの人生もまた、少しはちがったものになっていたかもしれない。かれが結婚して子供をもうけていたとするなら、わたしにはいとこが何人か多くいたことになる。同世代の心つながる親族との交流が、いまにもまして可能になっていたことになる。

わたしたちが耳を傾けるさまざまな声のうちに、いまや黙して語らない人びとの声がこだましているのではないだろうか。わたしたちが言い寄っている女性には、もはや彼女らすらも知ることのない姉たちがいるのではないだろうか。

——ベンヤミン「歴史の概念について」

生まれることのなかったわたしのいとこたち。一九四六年二月十三日という、「平和憲法」のGHQ草案が日本政府に手渡されたちょうどその日に、誕生の可能性を最終的に絶たれた彼女ら／かれら。

「どうしてあの戦争が起こり、わたしたちの〈父〉がいくさにおもむくことになったのだろう」
「どうして〈大日本帝国〉はソ連が中立条約を破棄して参戦するまえに、降伏を決断しなかったのだろう」

かつて存在せず、いまも存在しない彼女ら／かれらは、このようにわたしに問いかけている。それは無数の戦争の死者たちの声と響きあい、声なき声として「戦後生まれ」のわたしに語りかけてやまない。

＊

日本国憲法施行六〇周年の二〇〇七年ごろ、母方の祖父・鈴木安蔵がにわかに脚光を浴びた。高野岩三郎氏主導の憲法研究会で祖父が取りまとめ、敗戦の年の一二月に七人の連名で公表した「憲法草案要綱——憲法研究会案」が、翌年二月作成のＧＨＱ草案に影響をあたえたのだという。祖父を主人公とする映画まで制作されるにいたって、「遺族」のひとりとして当惑したのをいまでもよく覚えている。

祖父の書き残したものをあらためて読み直すと、「直接影響をあたえた」とする見解は退けている。独立に研究して到達した自分たちの見解が、ＧＨＱ草案を起草した人びとのすでに到達していた結論と「本質的に一致した」。これは「押しつけ憲法」論にたいする祖父の反論でもあった（『憲法学三十年』）。現在の若い憲政史家の研究によっても、おおむね裏づけられる見方のように思う。

そのうえで、以下はわたしひとりの考えである。

「本質的に一致した」重要な点のひとつは、「天皇は「国家的儀礼ヲ司《つかさど》ル」として天皇制の存続を認めた」(国立国会図書館サイト「日本国憲法の誕生」2-16)ことではなかったか。「昭和天皇を軍事裁判の被告に」と主張する国々も参加する極東委員会の第一回会合が目前に迫るなか、GHQは占領統治遂行の観点から天皇制維持を焦眉の課題としていた。天皇制の存続はリベラルな日本人にも支持される。そのことを憲法研究会案がみずから示したということはなかっただろうか。

高野岩三郎氏が共和制を強く主張し、憲法研究会の他のメンバーもそれに共鳴しながら、天皇制廃止が時期尚早とされた理由は「国民の感情」「日本の現在の過渡的段階」だった。

この「国民の感情」とはいまから振り返るなら、「帝国臣民」として植民地支配のもとにおかれてきた人びとや、「皇軍」に侵略され虐待されつづけた諸国の人びとの「感情」を視野に収めない、内向きのものだったように思える。十年後には国民は「前進」して共和制を求めるようになるという「進歩」論にいたっては、「元首」という憲法上の規定がふたたび「天皇」にあたえられようという現在の情勢によって、最終的に反駁されようとしている。

憲法研究会案を最終的にまとめるに先だって、祖父は詳細な条文草案を作成していた。それを大幅に圧縮して公表原案としたのは、憲法研究会の総意のもと、全国民の代表により開催される憲法制定会議において本格的草案が起草されるための「一試案」と位置づけていたからであった。

ＧＨＱ草案が政府に手渡され、新憲法制定の作業が政府・帝国議会に委ねられることにより、幻におわった憲法制定会議。その場で憲法研究会案は、はたしてどのように議論されていっただろうか。どのように変貌をとげて、この国の「別の未来」を指し示す「別の憲法」になっただろうか。

憲法研究会案についてはさまざまな評価があろうけれども、わたしにとってそれはそうした幻視のなかにおいてこそ、いまもなお生きている。

かしま・とおる　一九五五年生。早稲田大学教授。哲学。『危機における歴史の思考——哲学と歴史のダイアローグ』『可能性としての歴史——越境する物語り理論』ほか。

いまは憲法改正を議論する時期ではない

丹羽宇一郎

改憲というけれども、憲法の全部を変えるという話とどこか一部を変えるという話とでは違うと思います。全部変えるというけれど、いったい何のために変えるのか、変えなければいけない動機は何なのか、どう変えるのか。

いまの憲法はアメリカの押しつけだから自分たちでつくらなければならないということなのでしょうか。歴史を見ればわかるように、いまの憲法は押しつけられて、そのままそうですかと言ってつくったわけではなく、日本側もその時の有識者が集まって相当議論をしたうえで、この憲法で行こうということになったわけで、当初にアメリカの押しつけがあろうとなかろうと、日本にとって良いものであるならば別に変える必要はないというべきでしょう。

そういう観点からいうと、三分の二を越える議席をとったから、さあ、ここは好機とばかりに変えなければいけない、という今の話はプロセスとしてそもそもおかしいと思います。

「自分たちだけで憲法をつくる」といっても、どの国もよその国の憲法も参照しながら、自分たちにとって良い憲法は何かという観点から憲法をつくっているわけです。今の日本の憲法だって、アメリカから見ても理想的な憲法、アメリカ自身もこうしたいと思っていた憲法ということで提案が出てきたのだから、良いものは残したらいい。ここはもう時代に合わなくなった、というものがあれば変えればいいのだと思います。たとえば、もっと平易な言葉にして、誰もがわかりやすくするとか、基本的な考えは絶対に変えないという原則を立てて議論するというのなら、わかります。

そうではなくて、この前のカジノ法案(統合型リゾート整備推進法)と同じように、とにかく絶好の機会とばかりに急いでやろうという理由がわからない。それは、民主主義国家としてあるまじき発想、議論というべきでしょう。これは今の日本の象徴的な政治の運営の仕方であると思います。民主主義の仮面をかぶった独裁政治に近いとも言えます。選挙で勝ちさえすれば、もう何を議論しようと、どんな質問をしようと、国民はまったく不在。これは与党だけでなく、野党もそうです。どうせ三分の二の議席で決まってしまうのだから、と与野党ともに質疑は非常に中途半端な形で終わっています。与党は「どうせ決まるのだから、ごちゃごちゃ言っても仕方ないだろう？　君たち」という意識が心の底にあって、時々正直な本音がぽろっと出る。それをここぞとばかりに攻撃する野党の方も、内心ではお前の言うとおりかもしれないと思っている。総理も含め、みなそのつもりでやっている。口では、「熟議を重ね、国民の納得を得るように努めたい」という歯の浮くような形式的な答えをしながら、実質的には強行採決を重ねています。それをまた国民が黙って見ている。メディアも徹底的に追及しない。なぜ、こういうことを質問しようとしないのか、この質問にどう答えたのか。追及すべき材料はたくさんあるにもかかわらず、野党から出てこない。中身のない審議で法案が可決されていく。こんな国民をばかにした話はないと思います。こういう、今のままの民主主義の仮面をかぶった独裁政治をやりながら、憲法改正なんかされたら、何をされるかわからない。

いまは、憲法の改正を議論する時期ではないと思います。本当にやろうと思うなら、まず今の憲法のどこが問題なのかをきちんと議論すべきでしょう。そして憲法の基本的な三原則(国民主権、基本的人権の尊重、平和主義)は絶対変えてはいけないと思います。この三原則は、どの国もみんな自分たちも守りたいと思っていることです。それをなぜ変えなければいけないのか。変えたいのなら国民にきちんと説明すべきでしょう。その意味で言うと、いま出ている自民党の改憲草案は全然お話にならないと思います。なぜ、時代の激変に合わせると言っていながら、何十年も前の時代に戻っていくのかわかりません。

本気で憲法を改正するなら、いまの天皇の退位の問題以上に議論しなければいけないはずなのに、ただ憲法改正、憲法改正とお経みたいに唱えているだけ。何が問題なのか、国民は何を不満に思っているのかという議論すら満足にしていない。だから、憲法改正に賛成ですか反対ですかという世論調査の質問は愚問です。憲法九条だけ変えたいという話なのか。九条を変えることで、もっと戦争をやりやすくして日本を普通の国にしたい、ということなのか。或いは、他の条項を変えるのか。

「日本を普通の国にしたい」といいますが、普通の国になったら、日本は存在できません。地政学上も、海に囲まれた自然環境から言っても、日本の国是(国としてそれ以外選択の余地がない生き方)というものがあると思います。それは戦争は絶対にしてはいけない、世界の平和を日本は率先して守らなければいけないというものです。地政学的にも自然環境的にも、日本は自由貿易と自由経済をやらなければ生きていけません。できるだけ世界のどこの国とも仲良くしなければやっていけません。いま鎖国状態でも生きていける国は、世界でもアメリカとオーストラリアくらいでしょう。要するに広大な土地を持っていて、食料も自給自足ができ、資源も持っているような国です。アメリカは独自で鎖国的な政策もとれるかもしれませんが、日本はとれません。経済制裁を受けて貿易ができなくなったり、エネルギー輸入がなくなれば、日本はあっという間に立ち行かなくなります。「日本の国是は平和」というのはそういう意味です。その中心にあるのがいまの憲法でしょう。

日本は普通の国ではない特別な国ということで、世界から存在意義を認められているわけです。

戦後七〇年たっても日本は依然として他国の人を殺したことがない、殺しに行かないということは、世界中の人々の間にも広まっているのに、日本のような憲法を欲しいという国は世界にたくさんあるのに、なぜわざわざ変えようとするのでしょうか。

今までのように憲法九条の下、攻撃的な武器は持たない、専守防衛という原則のもとで日本の防衛を進めて何が問題なのか。現実に合わないというけれど、現実に合わせる解釈を吉田茂首相以来何十年とやってきています。それで、何が問題なのかが不明確です。そういうことについてどうしてもっと国会で議論しないのかと思います。

憲法を改正する前に日本をどういう国にしたいのか。「美しい国」というような抽象的な話でなく、その理念を具体的に安倍さんは語るべきでしょう。

にわ・ういちろう　一九三九年生。元中華人民共和国駐箚特命全権大使、前伊藤忠商事株式会社会長。『人は仕事で磨かれる』『中国の大問題』ほか。

諸悪の根源は日本国憲法……なのか？

鈴木邦男

学生時代は右翼学生だった。それも右翼暴力学生だった。敵である全共闘とは、毎日のように論争し、殴り合っていた。ただし敵でありながら、どこか認めるところがあった。その熱意や行動力は評価していた。「僕らだって革命派だ。だから日本を、世界を変えるんだ」と思っていた。現状維持派や保守派ではない。司馬遼太郎の『竜馬がゆく』などを読み、「僕らも竜馬と同じだ。今の体制を崩壊させ、革命を起こすんだ」と言っていた。「YP体制打倒」という言葉もよく使った。戦後の世界は、アメリカやソ連など戦争に勝った国が勝手につくった体制だ。ヤルタ（Y）・ポツダム（P）体制こそ打倒すべきだ。そのためにも、「占領憲法の破砕」が必要だ。そう思っていた。

僕らは、憲法を主なターゲットにしていた。象徴として一番わかりやすく、攻撃しやすいからだ。現在の憲法は、日本が占領されていた時にアメリカによって押しつけられたものだ。日本が再びアメリカに歯向かうことがないように、牙を抜くために制定されたものだ。日本を弱体化させるためにつくられた。だから、今の日本の立場が弱いのも、貧しいのも、犯罪が多いのも、この憲法のせいだ。諸悪の根源は日本国憲法だ！　過激に主張すれば、するほど手応えもあった。

当時、僕が所属していた生学連(宗教団体・生長の家の学生組織)で、模擬国会討論をやろうとの提案があった。改憲の主張を一般の学生に広めるためだ。国会を想定して、改憲派の議員(役の学生)と護憲派の議員(役の学生)が激論を交わすのだ。最初、護憲派は優勢となるが、最後には改憲派が勝つ。そうすれば、討論を見ている人たちは、なぜ改憲が必要なのかが納得できる。「諸悪の根源は日本国憲法」という主張が証明できると思った。

でも、誰も護憲派をやりたがらない。改憲を目指している学生組織だから当然のことだ。悪役などやりたくない。でも、この悪役は強くなければいけない。相手を追いつめる説得力をもっていなければダメだ。その強い悪役を論破し、正義の改憲派が勝つ。それを見た人は、やんやの大拍手となるだろう。

でも、誰も悪役を引き受けない。主催者の学生の一人が困って、僕のところに来た。護憲派役を引き受けてくれと頭を下げられた。僕は暴力的だったし、組織の中でも問題視されていた。こいつしかいないと思われたのだろう。しつこく説得され、結局は引き受けた。ただ、護憲派の理屈がわからなかったので、憲法に関する本を読み漁り勉強した。そして意外と納得させられることが、憲法には書かれていることを知った。個人の自由やそれを追求する権利は大切だし、憲法はそれを保障している――。おっと、いけない。これでは護憲派に洗脳されてしまう。でも、模擬国会では、それらしい論を展開して護憲派役を務めなければならない。そう思って必死に勉強した。

一方、改憲派役は勉強する必要がない。何の準備もしない。いつも自分たちが言っていることをぶつけるだけでいい。いくら護憲派が屁理屈を言っても、叩きつぶしてやればよい。筋書きだってそうなっているはずだと安心しきっている。

そして当日を迎えた。たくさんの学生が見守る中、模擬国会はスタートした。護憲派(すなわち僕)が日本国憲法のすばらしさを堂々と主張する。改憲派は、それに反論する。でも、その反論には勢いがない。こっちは、その隙をみつけて、すかさず攻めた。悪役が強くなければ、意味がない。僕は必死に勉強した成果を披露した。中盤から改憲派による大攻勢が開始される……はずなのに、改憲派はなぜか攻めてこない。こっちが圧倒的に勝っているのに。「僕が間違っていました。改憲派が正しいです」などと言い出すわけにもいかない。わざと隙をつくったり、揚げ足をとられやすい発言をしたりしても、改憲派は攻めてこない。憲法の正しさ、良さばかりが目立つ。個人の自由を尊重し、平和を求める理想主義がなぜ粉砕されなければならないのか、と。結局、時間切れとなってしまった。会場は大ブーイング。終わったあと、僕は仲間からさんざん叱られた。

でも、僕からすれば、改憲派役の学生たちは、勉強不足でしかなかった。そして同時に、護憲派という反対の立場に立つことで、本来、改憲派である自分の弱点を見せつけられた気がした。憲法の内容をよく理解せず、「占領憲法」として全否定し、日本の政治や社会の悪いところをすべて憲法のせいにする。家族の絆が弱くなったのも憲法のせい。少年の非行が増え、悪質な犯罪が増えているのも憲法のせい。そんな具合だ。しかし、それではたして憲法が提示する理想に勝てるものなのだろうか……。

のちに僕は組織とうまくいかなくなって、居場所がなくなり、追放されることになるのだが、この時の経験は一つの遠因にはなっていただろう。

時は経ち、いま改憲派のほうが勢いを増している。安倍首相も憲法改正を政権の目標に掲げ、これに反対する野党は弱体化している。どういうわけか、あの時の模擬国会とは逆の現象となっている。実際、いま憲法改正に向けて運動している人たちには、あの当時の僕の仲間も少なくない。しかし、改憲派の主張を聞いていると、あの時、護憲派を演じた自分の気持ちがよみがえってくる気がする。

自民党をはじめ改憲派は主張する。個人の自由を認めすぎたから、国家が弱体化した。個人の自由を制限して、国家のための義務を盛り込むべきだ、と。国家が強くなれば、個人が強くなるとでも思っているかのようだ。でも、それは幻想だ。それに僕は自由に生きたいし、自由に表現もしたい。だから、「自由のない自主憲法よりも、自由のある押しつけ憲法を」と、しばらく前から主張している。そのために、僕はまた昔の仲間から「裏切り者！」と言われている。

それでもかまわない。世の中を変えてやろう。革命を起こしてやろう。そんな学生のころの情熱はいまでも失っていないつもりだ。でも、その方向性は、国家のための体制をつくることではない。自由のために闘いたい。だからこそ、国家のための憲法ではなく、国民のための憲法であってほしいと、いま僕は願っている。

すずき・くにお　一九四三年。政治活動家。『〈愛国心〉に気をつけろ！』『新右翼〈最終章〉』ほか。

歴史の上に立ち、憲法の精神を活かす

保阪正康

私は護憲派でも改憲派でもない。つまりこの二者択一の選択にまったく関心がないのだ。こういう論争が意味を成さないというのは、この憲法自体に特定のレッテルを貼るにすぎないからでもある。一方が平和憲法といい、もう一方が占領憲法と謗る。両極がその立場から一歩も譲らず、その間隙をぬう形で安倍首相を中心とした政権与党が、まるで大日本帝国憲法の精神を継承するかのごとき案を提示している。

憲法が制定されてから七〇年が過ぎたというのに、現実はセピア色の写真を見るかのような錯誤を実感せざるを得ない状況である。

私の現憲法観は、まず「平和憲法」ではないという点にある。この憲法は、いってみれば非軍事憲法である。第九条はどのように読んでも非軍事憲法としての特質を意味していて、その点では人類史の上できわめて貴重である。この非軍事憲法を平和憲法に格上げするには、まず私たちがそれだけの努力と時間とエネルギーを必要とするはずである。非軍事憲法を平和憲法とする知力と体力が求められる。さしあたり具体的には第九条をさらに緻密にしていく必要がある。軍備を持たない、交戦権を認めないという意味をより徹底し明確にする必要があるだろう。

そのためにまず、条文をより精密にし、それを現実に適用するにあたっては九条審査会を設置するとか、かつての日本の軍事組織の誤ちを点検するための条文を明記してもいいだろう。さらにこの第九条を実質的に骨抜きにする形で軍事力は一定の規模をもつに至った。この七〇年にわたる「憲法を守れ」と説く人たちの思惑とは別に、現実に日本の軍事力はアジアでも有数の力をもつに至っているが、これを見て、現実に憲法の条文を合致させなければならないとの本末転倒した論にあっさりと傾斜していく若い世代がいる。七〇年にわたり、骨抜きにしてくるのに懸命だった勢力のほうがなにやら正当性があるような錯覚をもつ者さえ出ている。

私は、たとえば第九条に第三項をつくり、そこに「軍事力増強の追認を図るような勢力の存在があれば、それは憲法の精神に反している」といった条項を入れてもいいと思っている。かつて石橋湛山が主張したのは「第九条の一時停止」として東西冷戦下では、ある程度の再軍備を認めるとの案だったが、これは私の説く憲法の精神を生かしての軍備増強の抑制とは異なる。ただ、石橋も懸念するように戦前の軍事主導に至った反省点を第三項以下に具体的に列記し、この憲法のもとではそれらを否定するとの歴史的決意は刻んでおくべきではないかと思う。非軍事憲法を平和憲法とするための日々の努力、そしてエネルギーを私たちの大半はサボタージュしているのではないかと次代の人たちに思われているのが残念なのである。

次いで占領憲法とかマッカーサー憲法と誇る者の誤ちは何か、ということだ。それは歴史への冒瀆であり、幣原喜重郎内閣時の閣僚たちを愚弄することに通じているのである。こうした主張をするグループの論者は幣原首相をはじめ吉田茂など当時の閣僚たちが、現在の憲法を生み出すためにどれだけ努力をしたのかを知ろうとせず、そのことが憲法研究会などの先達をどれほど愚弄することになるのかと考えてもいない。つまりはマッカーサーの時代につくられたという目先の現象だけを論じる姿勢は、あの戦争の内実をまったく捉えていない。それどころか戦争の因果関係さえ曖昧にして、憲法だけ押しつけられたような屈辱的錯覚を抱いている者もいるほどである。

占領憲法と誇る人たちの最大の誤ちは、この憲法によって築きあげられた戦後の実績を見ぬふりをして自らの意見に酔っているとしか思えない点にある。実際に占領憲法というのであれば、どこのどの部分なのか、具体的に指摘すべきだろう。それもないままにレッテルだけを貼る状態が、憲法それ自体を、そして歴史総体をどれほど馬鹿にしているか、そしてそのことがつまりは自己否定につながっていると考えたこともないのであろう。

冒頭で私は護憲派でも改憲派でもないと書いた。あえて私の意見をまとめるならば、次の三点になる。

一、この憲法を一〇〇年間持続させる
二、部分的条文の付加や付則を積極的に行う
三、国民各層を含んだ憲法審査会を創設

一は、とにかく一世紀持続させて、この憲法の市民的権利の保障や非軍事的使命を国家の骨格に据えるのである。そのために部分的手直し(国民投票と立法府の承認を経た上でだが)はためらわない。前述の第九条に第三項を設けるような方法である。それが二の主意である。

三は憲法が守られているかを審査する機関(とくに九条審査会)を創設し、その委員は各界各層からの広範囲な立候補者名簿をもとに選挙で選ばれ、憲法と国民生活や行政組織の枠組を国民の視点で議論するというものである。そうすることでより憲法を国民生活に身近な存在に変えうるのではないか。むろんこういった考え方は、国民自身が常に憲法に対して関心をもち、非軍事を貫く思想や現存の軍事力を抑制する哲学をもつことが前提になる。さらには憲法で保障されている三権分立に歪みはないか、立憲主義とはどのようなものかといった確認を私たちが続けていく覚悟のもとで可能になると思う。

つけ加えておけば、私のいう「一〇〇年」とは二〇四七年ということだが、まだ三〇年あり、前途多難とはいえ、国民の理解はそのことを可能にしていると、私は考えているのである。

ほさか・まさやす　一九三九年生。ノンフィクション作家。評論家。「昭和史を語り継ぐ会」を主宰。『昭和史のかたち』『ナショナリズムの昭和』ほか。

免田栄さんの黒髪

佐藤直子

もう三〇年近く前、大学生だったころの出来事である。関西の人権団体が開いた講演会を訪れた私は挙手をして、話を終えたばかりの男性に質問をした。

「どうして髪が黒いのでしょうか」

突拍子もない質問に司会者は驚いた顔をした。だが男性は、その意味が〈分かった〉というようにうなずいて答えた。

「わたしはここにおられるみなさんのように人並みの苦労をしておらんとですよ。仕事をして家族を養えるだろうかとかね、子育てに悩むとかね。だからごらんの通り。髪は黒いですが染めてなんかおらんとですよ」

男性は一九四八年、熊本県人吉市で起きた殺人事件で死刑判決を受けた免田栄さん。一九八三年に最高裁で、死刑事件のやり直し裁判(再審裁判)としては初めての無罪判決を勝ち取った人だ。

「死刑囚、無罪」のニュースは、新聞の一面から社会面まで割かれて大きく載った。当時、高校生だった私は、普段はほとんど読むことのない新聞を寝床に持ち込み、むさぼり読んでショックを受けた。頭の中に浮かんだのは、死の恐怖に脅えながら気が遠くなるほどの長い時間、無実を訴え続ける孤独な青年の姿だった。

数年後、免田さんの講演会の告知記事を新聞の片隅に見つけたとき、その夜の記憶がよみがえった。「会って話を聞きたい」というその一心で出かけることにしたのだった。ところが会場は慣れない場所にあって道に迷い、たどり着いたときには講演はほとんど終わっていた。話をきちんと聞いていないのに質問するのは失礼だとは分かっていた。でも若い私には、聞きたい欲求の方がまさった。

「何度も再審請求を退けられ、逮捕から三四年も囚われの生活を強いられた人だ。想像を絶する苦労のために髪の毛は真っ白になっているだろう」――。

私の勝手な思い込みは裏切られた。目の前の免田さんの髪は、まだ六〇歳を少し超えた年齢だったとはいえ、黒々としていたのだ。

「人並みの苦労がなかった」という免田さんの言葉は、九州地方の柔らかな抑揚とともに私の胸に刻まれた。苦労をしても、それが「人並み」のものならいい。苦労することが生きることそのものであるなら、免田さんは二三歳で逮捕されてからずっと生きる時間を奪われた。家族や友だちと笑ったり、けんかしたりすることもできなかった。仕事や子育てに悩み、苦しむこともできなかった。

私はもう一度、孤独な獄中で死の恐怖に耐える青年の姿を想像して泣きそうになった。それまで意識したことのなかった「人権」という言葉がそのとき初めて、目の前の免田さんを通して立ち現れたように思えた。

憲法が保障する基本的人権は、その人がその人らしく生きる時間をだれも邪魔できないということだと思う。人権を回復するとは、自分らしく生きる時間を取り戻すこと。だけどそれはどんなに難しいか。新聞記者となって時間を奪われた人たちに会うたびに痛感させられる。一九九〇年の足利事件で冤罪被害者になった菅家利和さんもそうであったし、私が生まれてまもない一九六六年に静岡県清水市(現静岡市清水区)で起きた一家四人殺害放火事件で死刑が確定した袴田巖さんも、裁判所による再審開始と拘置停止決定によって釈放されるまで、四八年という気の遠くなる年月を獄中にしばられ、心を病んだ。奪われた時間はそのまま取り戻すことはできない。

冤罪事件だけではない。先の大戦で「沖縄戦」という過酷な地上戦に巻き込まれた沖縄の人々は、戦後も政府から、島ぐるみで時間を奪われ続けている。日米安保条約の生け贄のように差し出された基地が居座り続けるため、人々は反基地闘争に膨大な人手と時間を割かれているのだ。本来なら真っ先に取り組むべき教育や福祉、貧困の問題にじっくりと向き合う余裕が奪われてきた。沖縄の人たちはいつもそのことを悔しがっている。

一九七二年に日本に復帰した沖縄が望んだのは日本国憲法の下に帰ることだった。なのに半世紀近くも苦労の時間ばかり強いられるのはなぜなのか。

反基地運動のリーダーである沖縄平和運動センター議長の山城博治さんは、高江のヘリパッド建設や辺野古の新基地建設反対闘争の中での微罪を問われて、五カ月間も長期勾留された。家族にも面会を許されない、戦時下の政治犯のような扱いである。憲法を守るべき為政者があからさまに私たちの生きる時間を奪っている。この人権侵害にもう目をつむることはできない。

高江の闘いと同じころ、米国中西部のノースダゴタ州では石油パイプラインの建設工事に反対し、ルートに近い居留地に住む先住民のスタンディングロック・スー族とその支援者たちが抗議の声を上げていた。パイプラインからの石油流出によって、彼らのいのちの源であるミズーリ川が汚染されるおそれがあるからだ。座り込みには全米から人々が結集し、氷点下の凍える寒さの中、野営をしながら続けられた。

武装警官の前でも一歩も引かなかった闘いは二〇一六年一二月、オバマ政権（当時）の下で陸軍省が、環境への配慮から「自らの管理地内での工事を許可しない」という決定を下すことで、先住民たちが勝利した。まだ一三歳だという少女が目に涙をためて「私は未来を取り戻した」とニュースで語っていた。少女の言葉には喜びと同時に、長い時間を奪われてきた人々の悲しさや悔しさもまた刻まれていたのだと思う（その決定は、翌月に就任したトランプ大統領が署名した建設を促す命令によって覆され、スー族の人々らの闘いは再び続くことになったが）。

私たちが私たちらしく生きる権利をうたった憲法は、私たちの「時間」を守る砦なのだ。私は自分の髪を、自分で選んだ奪われない時間のなかで白く変えたい。

さとう・なおこ　一九六五年生。東京新聞（中日新聞東京本社）論説委員兼編集委員。東京新聞社会部編『新編　あの戦争を伝えたい』、佐藤真紀・伊藤和子編『イラク「人質」事件と自己責任論』ほか。

沖縄人（ウチナーンチュ）の私の日本国憲法

親川志奈子

沖縄の復帰運動世代がノスタルジックに語る「平和憲法の下への復帰」に共感できずにいた。一九八一年の日本国沖縄県に生まれた私にとって、左側通行の道路の両脇に張り巡らされたフェンスも、フェンス前で平和を求めるおじさんたちの姿も、彼らの声をかき消す戦闘機の音も「あたりまえ」にそこにある風景だった。獲得したはずの理想の憲法と「日本人」というステイタス、そして変わることなく目の前で繰り広げられる惨たらしい現実、そのギャップが復帰後の沖縄であり、今年で四五年も私たちはそのギャップを生きることになる。日本国憲法の適用の前と後とでは、沖縄の一体何が変わったというのだろうか。そもそも、沖縄人はなぜ日本国憲法に希望を見出すことができたのだろうか。

少し遠回りになるが私の体験を書いてみたい。一九九五年に起きた在沖米軍基地所属の米兵らによる少女暴行事件をきっかけに、沖縄の高校生を対象とした国費留学制度が誕生した。沖日米のトップは沖縄人学生の草の根の交流に未来を託したのだろうか、いや、それは沖縄人の犠牲の上に成り立つアメとムチの「アメ」であり、親米派を増やすためのストラテジーでもあったかもしれない。いずれにせよ私は制度を利用し渡米した。留学体験の中で一番強烈だったのは、米国の歴史や政治経済のクラスで学んだ合衆国憲法だった。前文には「共同の防衛に備え」とあり、修正第二条には「武装権」が追加されていて、マジョリティのアメリカ人が前提としているその価値観に打ちひしがれる思いがした。建国から現在に至るまでの武装と戦争の記憶を持つ彼らと、沖縄の私が伝えたい基地撤去の想いはどのように交わり得るのだろうかと。

「日本の憲法とはずいぶん違う」というイメージが浮かぶと同時に、「わが国」の憲法がどんなものであったかを思い出すため、日本国憲法を読み返した私はまたしても打ちひしがれたのだった。そこに真っ先に書かれているのは「戦争放棄」ではなく「天皇」だったのだ。小学生の頃に習ったはずなのに、私はそのことをすっかり忘れていたのだと思う、当時の日記には「武装とか天皇とか前提が違いすぎる！　彼らは沖縄問題をきちんと理解できるのか？」と書かれている。マジョリティの日米人が無意識にそれらの前提を許容しているのだとしたら、沖縄人の声は一体彼らの耳にどのように響いているのだろうか。

改めて第一条を見てみると、天皇は「国民統合の象徴」とあり、その地位は「主権の存する日本国民の総意に基く」とあった。沖縄戦の経験だけに照らしても「国民統合の象徴」としての天皇という位置づけは沖縄人の私の目には末恐ろしいものに映るし、憲法が作られた当時「日本国民」ではなかった沖縄人の意思がそこに反映されていないことは明らかだ。この恐怖心や疎外感は、日本に生きる先住民族や外国籍の人々に共通するものではないだろうか。

そして復帰運動世代の「平和憲法の下への復帰」という言葉を思い出し切ない気持になった。彼らは八条までぎっしり書かれた天皇の条項には触れないまま日本国憲法の平和主義に希望を見出したのだろうか、沖縄人が解放されるためには「背に腹は変えられぬ」と考えたのか。米軍統治下の状況がそれほどまでに過酷であったともいえるし、現在の私がジャッジすべき類のものでもなかろう。しかし、日本国憲法をもってしても沖縄人は解放されなかったという現実を、四五年目の今、私たちが考えていく必要性を強く感じている。

近年日本国憲法が再考されている。先住民族やLGBTなど制定当時可視化されていなかったマイノリティに言及し、過去には持ち得なかった視点で人権に配慮するのかと思いきや、あるいは、日米地位協定が日本国憲法よりも上位に来ている今のあり方を問い（翁長雄志沖縄県知事に「日本の独立は神話か」などと言わせないよう）独立国家として米国と対等に交渉できるようにするのかと思いきや、自民党の憲法改正草案はとても懐古的な内容となっていた。

多くの沖縄人が「まだ一度も手にしたことがない」と感じ、憧れている日本国憲法に「米国に押し付けられた」「今の時代に合わない」というレッテルを貼り、「戦前の日本を取り戻す」ための知恵を結晶させたような憲法にとって替えようとしている日本人の姿を、復帰運動世代の沖縄人はどのような気持で見つめているのだろうか。

いくつかのインタビューで「憲法改正をどう思いますか?」と問われ「日本人は「押し付け安保」とは言わないくせに「押し付け憲法」と言いますよね。日本国憲法を捨てるなら沖縄人に下さい、私たちはそれを持って独立しますから(もちろん九条からのスタートです)」と回答したことがあるが、沖縄人にとって日本国憲法とは、沖縄人の政治的地位に直結するテーマだと思う。二〇一七年一月に琉球新報が発表した意識調査で「今後の日本における沖縄の立場をどうすべきか」との質問に「現行通り、日本の一地域(県)のまま」と答えたのは四六・一%に過ぎなかった。現在の日本の沖縄をめぐる政治や日本国憲法改正という議論は、沖縄人の私たちが新たな未来を踏み出す背中を押すものであるのかもしれない。

おやかわ・しなこ　一九八一年沖縄市生まれ。オキスタ107共同代表。琉球民族独立総合研究学会理事。

「無戸籍の日本人」と憲法

井戸まさえ

再婚後誕生した我が子が、民法の「離婚後三〇〇日規定」により「無戸籍」となって以来、同様のケースで苦しむ「無戸籍の日本人」を支援する活動を始めて一五年目に入る。この間、二四時間対応の電話相談を通じて、一二〇〇名を超える無戸籍者とその家族と向き合ってきた。

相談者との面談時にはいくつかの資料が差し出される。「提出することができない出生証明書」「離婚届の写し」「母子健康手帳」等々。

「母子健康手帳」を開くといつもため息が出る。背表紙に書かれているのは「児童憲章」だ。

われらは、日本国憲法の精神にしたがい、児童に対する正しい観念を確立し、すべての児童の幸福をはかるために、この憲章を定める。

児童は、人として尊ばれる。

児童は、社会の一員として重んぜられる。

児童は、よい環境の中で育てられる。

「母子健康手帳」には法律（母子保健法第一六条三項、母子保健法施行規則第七条）に定められた様式があり、「児童憲章」の記載は必須事項とされている。親となる者はすべからく、子の健やかな成長を願い、心してこの条文を読むべしとの意図が見える。加えて言えば「日本国憲法」を持つことができた誇りや喜びもにじみ出ている。

ところが「日本国憲法の精神にしたがい」「人として尊ばれ」「よい環境の中で育てられる」はずの児童が「社会の一員」どころか、時代と合わなくなった法の狭間の中で、そもそも登録することさえも拒絶され、存在すら消されたままとなっている。それも推定一万人以上もだ。「無戸籍」となれば、学ぶ機会も、就職する機会さえも十分には得ることはできない。「自分自身を証明することもできない子どもたち」を今日も生み続けている日本は、日本国憲法の崇高な理想とは別次元に隔離されているのだ。

子どもたちの問題だけではない。関連する民法は明治憲法下で作られたまま、戦後日本国憲法が制定されても十分議論されることなく放置され、結果的には女性の人権をも犯している。

そんな大事なことに、私は、自らが法の網からこぼれ落ちてようやく気がついたのである。

私の場合は、法的離婚が成立した後に子を懐胎したことが外観的に一〇〇％明らかであるにもかかわらず、離婚後二六五日で生まれたために、懐胎にまったく関係のない前夫を子の父としなければ出生届を受理することは叶わないと言われ、子は当然のように「無戸籍」となった。役所から来る文書には、必ず子の父として前夫の名前が書かれていた。そのたびに国家や行政から性交渉を強要されるような強い痛みと吐き気さえ感じた。

幾度も抗議をしたが無駄だった。この取り扱いをあたりまえとして受け入れている役所の職員や法曹関係者の姿勢にも疑問がわいた。

おかしい。ここで声をあげなければ、私は自らの尊厳を失うと思った。抵抗しなければ、この薄気味悪さに加担し、私自身が加害者となるという恐怖は、次なる行動に駆り立てた。

私は、市と国を相手に不受理不服の訴えを起こすことを決めた。その中で民法第七七二条第二項、そして、その運用の基軸となっている一九四九年の法務府局長通知が「違憲」であることを証明したかった。

一五年前、法律の素人だった私が書いた訴状の一部を引用する。

民法七七二条二項は「離婚後の懐胎の事実が認められても、前夫の子と推定する」という昭和二四年民事局長回答をもとに、法解釈・法運用されてきた。医学的にも根拠に乏しい〈推定〉を前提にし、「これに異論があれば裁判にて事実を覆せ」とは、あまりに乱暴な論理の押しつけである。

この局長通知は、言い換えれば民法七七二条二項によって「妻は離婚後も前夫からの性的交渉の存在を推定されつづけなければならない」ということである。これは離婚女性のみならず日本女性全員にとって耐えがたい冒瀆、名誉ならびに尊厳を傷つけるものであり、日本国憲法第一一条（基本的人権の享有）、同第一三条（個人の尊重、生命・自由・幸福追求の権利と尊重）、同第一四条一項（法の下の平等）、第二四条（家族生活における個人の尊厳と両性の平等）にあきらかに違反している。

また民法七三三条の再婚禁止期間についても、民法七七二条第二項と同様、父性推定の衝突を避けるために設置されているが、前夫の子を懐胎し得ない状況、また懐胎していない事実があっても、なおも、再婚禁止期間を設け、性的交渉の制限、もしくは事実上前夫による性的拘束を受け続けなければならないことも同様に日本国憲法第一一条、一三条、一四条、二四条に違反する。

子どもの父を決める認知裁判では勝訴、画期的な判決を得て子どもの戸籍はできたものの、行政訴訟は敗訴した。しかし、時を経て、前記二つの法律（民法七七二条・民法七三三条）は、一方は民事局長通達で、もう一方は最高裁で違憲判断を得たのち、法改正という形で事実上一部改善されている。負けに至った裁判を始めとして、あちこちで起った数々の行動の積み重ねが法律を揺さぶり動かしたのだと確信している。

こうした体験を元に、二〇一六年『無戸籍の日本人』を上梓した。すると、全国からさまざまな反響が寄せられた。その中で最も私を驚かせたのは戸籍を巡る沖縄と「憲法」との関係だった。第二次世界大戦時、地上戦が行なわれた沖縄では八重山諸島の一部を除いて戸籍は滅失している。つまりはほぼ全員が一時的にも「無戸籍の日本人」だったということだ。終戦後、GHQの下で「臨時戸籍」が作られるが、あくまで応急措置として食料配給のための住民登録的な意味合いが強く、時には配給に有利なように生年を偽ったり、女が男にと性別すら変えてしまう虚偽記載も少なくなかったという。戦後の混乱の中では自己申告の中身を吟味・証明する術もなく、正確性を担保することが難しかったことは想像に難くない。

沖縄に行き、七〇代半ばの方から、戦後に作られた戸籍を見せてもらった。衝撃だった。戸主……。「日本国憲法」では廃止されたはずのものを筆頭に、姪、甥に至るまで、あたりまえのように戸籍に記載されているではないか。

なんと沖縄においては、一九五七年一月一日、本土の法制と同様の新民法・新戸籍法が沖縄に施行されるまで、「明治憲法」下の家制度を基盤とした戸籍編成が戦前・戦中同様、引き続き行われていたのだ。沖縄県民は「日本国憲法」発布後も「明治憲法」「明治民法」によって生きざるを得なかったということなのか。

二〇一七年二月、日本国政府はこの点を問うた質問主意書に関連して、「復帰前の沖縄県においては観念的には日本国憲法が施行されていたが、実効性を持って適用されることはなかった」

とする内容の答弁書を閣議決定した。七〇年間曖昧にしてきた見解に結論を出したのだ。同じ国民であるにもかかわらず、憲法の実効性にタイムラグがあった。こともあろうに、先の戦争で最も被害があった沖縄で、一〇年以上も明治憲法が延命していたのだ。この事実は、現在の沖縄が直面する課題と無関係ではないと思う。

法の狭間、あるいは戦争、災害によって戸籍を滅失した人々の人生をなぞると共通の思いがこみ上げる。

最も弱く、傷んだ人が、「国民」でありながら「主権者」たりえていない。

日本国憲法第一条「国民主権」。まさに憲法の根幹が問われているのだ。

私が「無戸籍の日本人」を通して「戸籍」という登録制度と格闘し続ける理由はそこにある。

いど・まさえ　一九六五年生。元衆議院議員。著書に『子どもの教養の育て方』『無戸籍の日本人』ほか。

井戸まさえ

六時二秒前

久米宏

ＳＭＡＰの解散騒動のうちに二〇一六年が暮れ、二〇一七年の正月、皇居前広場に面した帝劇の客席に深く身を沈めて、輝くステージを眺めていた。

去年の正月もそうだった。ステージでくり広げられていたのは、ジャニーズの世界。ジャニーズ所属の若い男の子たちが、歌い踊る三時間ほどのスピード感溢れる舞台だ。

年末年始の帝劇でのジャニーズの公演は五年ほど前から始まっている。今回は二〇一六年一二月から今年の一月まで、昼公演もあるので、全部で七三ステージをこなしている。

ただ、チケットはすべて即日完売となるので、なかなか手に入れることは出来ない。この文章を読んでいる方で、この舞台をご覧になった人はほとんどいないと思う。

開演三〇分前、帝劇正面入り口に近づくと、もう少女たちが群がっている。入口付近で友達と待ち合わせている人が多いためだ。客のほとんどは一〇代後半の女性たち。彼女たちは、コンビニで買ってきた食べ物や飲み物を抱えて、劇場の廊下の椅子にズラッと並び、開演前の腹ごしらえに余念がない。

劇場内の喫茶室にはひとりも客がいない。彼女たちは、チケット代と、劇場内のグッズ販売にかなりのお金を使っているので、それ以外は目いっぱい倹約しているのだ。あまり大きな声を出す人もいない。静かに、食べて飲んで、ひたすら開演を待っている。

この公演はとても時間に正確で、私の時も六時開演だったのが、六時二秒前に幕が上がった、私は電波時計を持っている。

作・構成・演出はジャニー喜多川氏だ。

ご存じだと思うが、一九三一年ロスアンゼルス生まれ、八五歳、ジャニーズ事務所社長。公演当日お目にかかったが、やや風邪気味だった。働き過ぎなのだ。

三〇分の休憩を含めて、三時間の舞台。日本と太陽系で繰り広げられる壮大なドラマだ。

そして、今回も太平洋戦争の場面がある。青年たちが出征していくシーン。

出演しているジャニーズの若者たちは、一九九〇年代後半から二〇〇〇年代に入ってから生まれている。彼らが出征兵に扮して、スポットライトの中で叫ぶ。

「お母さん、行ってきます!」

「母上、お国の為に闘ってきます、御達者で!」

「母さん、行ってくるよ、必ず帰ってくるから！」

私が記録映像で、何度も見てきた日本兵とはかなり違う。いや、かつての日本兵とは全く違う。みんな、足が長くて顔が小さいのだ。これは違うんじゃないか！　そう思っても、しばらく見ているうちに、ジャニーズの彼らはやはり日本人なのだ、そう思えてくる。

しかし、彼らはやはり日本人なのだという感慨の中に、彼ら〝も〟やはり日本人なのだという思いも湧いてくる。

足が長く顔が小さい新しい日本人も、やがて戦地へ赴くのではないか――そんな恐怖心が湧いてくる。今見ているシーンは遠い過去のものではなく、未来の景色ではないのかと。ふと周囲の若い女性たちを見ると、胸の前で両手を合わせ、祈るように舞台に見入っている。

去年も同じような場面があった。このショーの作・演出は、静かに反戦を叫ぶ人なのだ。

この場面を見ながら、数カ月前の新聞の投書欄を思い出した。それは、今こそ日本は丸腰になるべきではないか、という趣旨の文章だった。武器を捨て、戦争を放棄して、世界に向かって平和と核廃絶を訴えるべきだ。それが説得力を持つためには、日本は丸腰にならなければならない、そうすることによって、世界は初めて耳を傾けてくれる、これが投書の主が言いたいことだった。

随分昔に、ユートピアだと一蹴されたあの非武装中立論に極めて近い。

私は子供の頃からずっと思ってきた。

「なんとかして、世界中の人から、日本という国があって良かった、そう思われる国になる方法はないものか」

その方策として、愚直なまでに憲法九条を遵守するのがベストだと思い続けてきた。日本を憲法九条を遵守する国にするのは不可能なのだろうか。不可能と思わずに、それを信じて生きていくことは出来ないのだろうか。

軍備をすべて放棄して、丸腰になる、これは極めてシンプルで、日本人の心にこそ通じるメッセージだと、今もそう信じている。

世界から戦争はなくならない、そう声高に言っている人は、戦争で利益を得る、戦争で得をしているのは、武器商人と武器製造企業だけだという現実を知らないのだろうか。

ふと気がつくと、舞台は太平洋戦争の日本から、他の惑星へと移っていた。

この公演は全部で七三回、帝劇の座席数は一九〇〇。およそ一四万人の若い女性たちが見ていることになる。

彼女たちの半分以上は、やがて母親になる。

ジャニーズの舞台は、政治家や経営者やいわゆる評論家や学者と言われる人たちや、おじさんもおばさんもおじいさんもおばあさんも、見ていないことだろう。

私はたまたま、去年今年と、客席に座るチャンスに恵まれた。

今年も、終幕となって、若い女性たちの熱気に包まれて劇場通路をゆっくりと出口に向かって進んだ。

若い日本人を信じることにしよう、信じなければ生きていけない、そう思いながら劇場の外へ出た。

「帝国」劇場を出ると、正面にある皇居は深い闇に沈んでいた。

くめ・ひろし　一九四四年生。七九年、ＴＢＳを退社してフリーに。現在はＴＢＳラジオ「久米宏　ラジオなんですけど」にレギュラー出演中。

日本国憲法

前文

日本国民は、正当に選挙された国会における代表者を通じて行動し、われらとわれらの子孫のために、諸国民との協和による成果と、わが国全土にわたつて自由のもたらす恵沢を確保し、政府の行為によつて再び戦争の惨禍が起ることのないやうにすることを決意し、ここに主権が国民に存することを宣言し、この憲法を確定する。そもそも国政は、国民の厳粛な信託によるものであつて、その権威は国民に由来し、その権力は国民の代表者がこれを行使し、その福利は国民がこれを享受する。これは人類普遍の原理であり、この憲法は、かかる原理に基くものである。われらは、これに反する一切の憲法、法令及び詔勅を排除する。

日本国民は、恒久の平和を念願し、人間相互の関係を支配する崇高な理想を深く自覚するのであつて、平和を愛する諸国民の公正と信義に信頼して、われらの安全と生存を保持しようと決意した。われらは、平和を維持し、専制と隷従、圧迫と偏狭を地上から永遠に除去しようと努めてゐる国際社会において、名誉ある地位を占めたいと思ふ。われらは、全世界の国民が、ひとしく恐怖と欠乏から免かれ、平和のうちに生存する権利を有することを確認する。

われらは、いづれの国家も、自国のことのみに専念して他国を無視してはならないのであつて、政治道徳の法則は、普遍的なものであり、この法則に従ふことは、自国の主権を維持し、他国と対等関係に立たうとする各国の責務であると信ずる。

日本国民は、国家の名誉にかけ、全力をあげてこの崇高な理想と目的を達成することを誓ふ。

第一章　天皇

第一条〔**天皇の地位・国民主権**〕天皇は、日本国の象徴であり日本国民統合の象徴であつて、この地位は、主権の存する日本国民の総意に基く。

第二条〔**皇位の世襲と継承**〕皇位は、世襲のものであつて、国会の議決した皇室典範の定めるところにより、これを継承する。

第三条〔**国事行為に対する内閣の助言・承認と責任**〕天皇の国事に関するすべての行為には、内閣の助言と承認を必要とし、内閣が、その責任を負ふ。

第四条〔**天皇の権能の限界、国事行為の委任**〕天皇は、この憲法の定める国事に関する行為のみを行ひ、国政に関する権能を有しない。

② 天皇は、法律の定めるところにより、その国事に関する行為を委任することができる。

第五条〔**摂政**〕皇室典範の定めるところにより摂政を置くときは、摂政は、天皇の名でその国事に関する行為を行ふ。この場合には、前条第一項の規定を準用する。

第六条〔**天皇の任命権**〕天皇は、国会の指名に基いて、内閣総理大臣を任命する。

② 天皇は、内閣の指名に基いて、最高裁判所の長たる裁判官を任命する。

第七条〔**国事行為**〕天皇は、内閣の助言と承認により、国民のために、左の国事に関する行為を行ふ。

一　憲法改正、法律、政令及び条約を公布すること。

二　国会を召集すること。
三　衆議院を解散すること。
四　国会議員の総選挙の施行を公示すること。
五　国務大臣及び法律の定めるその他の官吏の任免並びに全権委任状及び大使及び公使の信任状を認証すること。
六　大赦、特赦、減刑、刑の執行の免除及び復権を認証すること。
七　栄典を授与すること。
八　批准書及び法律の定めるその他の外交文書を認証すること。
九　外国の大使及び公使を接受すること。
十　儀式を行ふこと。

第八条　〔**皇室の財産授受**〕皇室に財産を譲り渡し、又は皇室が、財産を譲り受け、若しくは賜与することは、国会の議決に基かなければならない。

第二章　戦争の放棄

第九条　〔**戦争の放棄、戦力の不保持、交戦権の否認**〕日本国民は、正義と秩序を基調とする国際平和を誠実に希求し、国権の発動たる戦争と、武力による威嚇又は武力の行使は、国際紛争を解決する手段としては、永久にこれを放棄する。

②　前項の目的を達するため、陸海空軍その他の戦力は、これを保持しない。国の交戦権は、これを認めない。

第三章　国民の権利及び義務

第一〇条　〔**国民の要件**〕日本国民たる要件は、法律でこれを定める。

第一一条　〔**基本的人権の普遍性、永久不可侵性、固有性**〕国民は、すべての基本的人権の享有を妨げられない。この憲法が国民に保障する基本的人権は、侵すことのできない永久の権利として、現在及び将来の国民に与へられる。

第一二条　〔**自由及び権利の保持責任と濫用禁止**〕この憲法が国民に保障する自由及び権利は、国民の不断の努力によつて、これを保持しなければならない。又、国民は、これを濫用してはならないのであつて、常に公共の福祉のためにこれを利用する責任を負ふ。

第一三条　〔**個人の尊重と公共の福祉**〕すべて国民は、個人として尊重される。生命、自由及び幸福追求に対する国民の権利については、公共の福祉に反しない限り、立法その他の国政の上で、最大の尊重を必要とする。

第一四条　〔**法の下の平等、貴族制度の禁止、栄典**〕すべて国民は、法の下に平等であつて、人種、信条、性別、社会的身分又は門地により、政治的、経済的又は社会的関係において、差別されない。

②　華族その他の貴族の制度は、これを認めない。

③　栄誉、勲章その他の栄典の授与は、いかなる特権も伴はない。栄典の授与は、現にこれを有し、又は将来これを受ける者の一代に限り、その効力を有する。

第一五条　〔**公務員の選定・罷免権、全体の奉仕者性、普通選挙・秘密投票の保障**〕公務員を選定し、及びこれを罷免することは、国民固有の権利である。

②　すべて公務員は、全体の奉仕者であつて、一部の奉仕者ではない。

③　公務員の選挙については、成年者による普通選挙を保障する。

④　すべて選挙における投票の秘密は、これを侵してはならない。

選挙人は、その選択に関し公的にも私的にも責任を問はれない。

第一六条〔**請願権**〕何人も、損害の救済、公務員の罷免、法律、命令又は規則の制定、廃止又は改正その他の事項に関し、平穏に請願する権利を有し、何人も、かかる請願をしたためにいかなる差別待遇も受けない。

第一七条〔**国及び公共団体の賠償責任**〕何人も、公務員の不法行為により、損害を受けたときは、法律の定めるところにより、国又は公共団体に、その賠償を求めることができる。

第一八条〔**奴隷的拘束・苦役からの自由**〕何人も、いかなる奴隷的拘束も受けない。又、犯罪に因る処罰の場合を除いては、その意に反する苦役に服させられない。

第一九条〔**思想・良心の自由**〕思想及び良心の自由は、これを侵してはならない。

第二〇条〔**信教の自由、政教分離**〕信教の自由は、何人に対してもこれを保障する。いかなる宗教団体も、国から特権を受け、又は政治上の権力を行使してはならない。

② 何人も、宗教上の行為、祝典、儀式又は行事に参加することを強制されない。

③ 国及びその機関は、宗教教育その他いかなる宗教的活動もしてはならない。

第二一条〔**集会・結社・表現の自由、検閲の禁止、通信の秘密**〕集会、結社及び言論、出版その他一切の表現の自由は、これを保障する。

② 検閲は、これをしてはならない。通信の秘密は、これを侵してはならない。

第二二条〔**居住・移転・職業選択の自由、外国移住・国籍離脱の自由**〕何人も、公共の福祉に反しない限り、居住、移転及び職業選択の自由を有する。

② 何人も、外国に移住し、又は国籍を離脱する自由を侵されない。

第二三条〔**学問の自由**〕学問の自由は、これを保障する。

第二四条〔**家族生活における個人の尊厳・両性の平等**〕婚姻は、両性の合意のみに基いて成立し、夫婦が同等の権利を有することを基本として、相互の協力により、維持されなければならない。

② 配偶者の選択、財産権、相続、住居の選定、離婚並びに婚姻及び家族に関するその他の事項に関しては、法律は、個人の尊厳と両性の本質的平等に立脚して、制定されなければならない。

第二五条〔**国民の生存権、国の社会保障的義務**〕すべて国民は、健康で文化的な最低限度の生活を営む権利を有する。

② 国は、すべての生活部面について、社会福祉、社会保障及び公衆衛生の向上及び増進に努めなければならない。

第二六条〔**教育を受ける権利・教育の義務**〕すべて国民は、法律の定めるところにより、その能力に応じて、ひとしく教育を受ける権利を有する。

② すべて国民は、法律の定めるところにより、その保護する子女に普通教育を受けさせる義務を負ふ。義務教育は、これを無償とする。

第二七条〔**勤労の権利義務、勤労条件の基準、児童酷使の禁止**〕すべて国民は、勤労の権利を有し、義務を負ふ。

② 賃金、就業時間、休息その他の勤労条件に関する基準は、法律でこれを定める。

③ 児童は、これを酷使してはならない。

第二八条〔**労働基本権**〕勤労者の団結する権利及び団体交渉その

他の団体行動をする権利は、これを保障する。

第二九条〔**財産権**〕財産権は、これを侵してはならない。

② 財産権の内容は、公共の福祉に適合するやうに、法律でこれを定める。

③ 私有財産は、正当な補償の下に、これを公共のために用ひることができる。

第三〇条〔**納税の義務**〕国民は、法律の定めるところにより、納税の義務を負ふ。

第三一条〔**法定手続の保障**〕何人も、法律の定める手続によらなければ、その生命若しくは自由を奪はれ、又はその他の刑罰を科せられない。

第三二条〔**裁判を受ける権利**〕何人も、裁判所において裁判を受ける権利を奪はれない。

第三三条〔**逮捕の要件**〕何人も、現行犯として逮捕される場合を除いては、権限を有する司法官憲が発し、且つ理由となつてゐる犯罪を明示する令状によらなければ、逮捕されない。

第三四条〔**抑留・拘禁の要件、拘禁理由の開示**〕何人も、理由を直ちに告げられ、且つ、直ちに弁護人に依頼する権利を与へられなければ、抑留又は拘禁されない。又、何人も、正当な理由がなければ、拘禁されず、要求があれば、その理由は、直ちに本人及びその弁護人の出席する公開の法廷で示されなければならない。

第三五条〔**住居の不可侵、捜索・押収の要件**〕何人も、その住居、書類及び所持品について、侵入、捜索及び押収を受けることのない権利は、第三十三条の場合を除いては、正当な理由に基いて発せられ、且つ捜索する場所及び押収する物を明示する令状がなければ、侵されない。

② 捜索又は押収は、権限を有する司法官憲が発する各別の令状により、これを行ふ。

第三六条〔**拷問・残虐刑の禁止**〕公務員による拷問及び残虐な刑罰は、絶対にこれを禁ずる。

第三七条〔**刑事被告人の諸権利**〕すべて刑事事件においては、被告人は、公平な裁判所の迅速な公開裁判を受ける権利を有する。

② 刑事被告人は、すべての証人に対して審問する機会を充分に与へられ、又、公費で自己のために強制的手続により証人を求める権利を有する。

③ 刑事被告人は、いかなる場合にも、資格を有する弁護人を依頼することができる。被告人が自らこれを依頼することができないときは、国でこれを附する。

第三八条〔**不利益供述の不強要、自白の証拠能力**〕何人も、自己に不利益な供述を強要されない。

② 強制、拷問若しくは脅迫による自白又は不当に長く抑留若しくは拘禁された後の自白は、これを証拠とすることができない。

③ 何人も、自己に不利益な唯一の証拠が本人の自白である場合には、有罪とされ、又は刑罰を科せられない。

第三九条〔**遡及処罰の禁止・二重処罰の禁止**〕何人も、実行の時に適法であつた行為又は既に無罪とされた行為については、刑事上の責任を問はれない。又、同一の犯罪について、重ねて刑事上の責任を問はれない。

第四〇条〔**刑事補償**〕何人も、抑留又は拘禁された後、無罪の裁判を受けたときは、法律の定めるところにより、国にその補償を求めることができる。

第四章　国　会

第四一条　〔国会の地位・立法権〕国会は、国権の最高機関であつて、国の唯一の立法機関である。
第四二条　〔両院制〕国会は、衆議院及び参議院の両議院でこれを構成する。
第四三条　〔両議院の組織〕両議院は、全国民を代表する選挙された議員でこれを組織する。
② 両議院の議員の定数は、法律でこれを定める。
第四四条　〔議員及び選挙人の資格〕両議院の議員及びその選挙人の資格は、法律でこれを定める。但し、人種、信条、性別、社会的身分、門地、教育、財産又は収入によつて差別してはならない。
第四五条　〔衆議院議員の任期〕衆議院議員の任期は、四年とする。但し、衆議院解散の場合には、その期間満了前に終了する。
第四六条　〔参議院議員の任期〕参議院議員の任期は、六年とし、三年ごとに議員の半数を改選する。
第四七条　〔選挙に関する事項の法定〕選挙区、投票の方法その他両議院の議員の選挙に関する事項は、法律でこれを定める。
第四八条　〔両院議員兼職の禁止〕何人も、同時に両議院の議員たることはできない。
第四九条　〔議員の歳費〕両議院の議員は、法律の定めるところにより、国庫から相当額の歳費を受ける。
第五〇条　〔議員の不逮捕特権〕両議院の議員は、法律の定める場合を除いては、国会の会期中逮捕されず、会期前に逮捕された議員は、その議院の要求があれば、会期中これを釈放しなければならない。
第五一条　〔議員の免責特権〕両議院の議員は、議院で行つた演説、討論又は表決について、院外で責任を問はれない。

第五二条　〔常会〕国会の常会は、毎年一回これを召集する。
第五三条　〔臨時会〕内閣は、国会の臨時会の召集を決定することができる。いづれかの議院の総議員の四分の一以上の要求があれば、内閣は、その召集を決定しなければならない。
第五四条　〔衆議院の解散と特別会、参議院の緊急集会〕衆議院が解散されたときは、解散の日から四十日以内に、衆議院議員の総選挙を行ひ、その選挙の日から三十日以内に、国会を召集しなければならない。
② 衆議院が解散されたときは、参議院は、同時に閉会となる。但し、内閣は、国に緊急の必要があるときは、参議院の緊急集会を求めることができる。
③ 前項但書の緊急集会において採られた措置は、臨時のものであつて、次の国会開会の後十日以内に、衆議院の同意がない場合には、その効力を失ふ。
第五五条　〔議員の資格争訟〕両議院は、各〻その議員の資格に関する争訟を裁判する。但し、議員の議席を失はせるには、出席議員の三分の二以上の多数による議決を必要とする。
第五六条　〔定足数、表決数〕両議院は、各〻その総議員の三分の一以上の出席がなければ、議事を開き議決することができない。
② 両議院の議事は、この憲法に特別の定のある場合を除いては、出席議員の過半数でこれを決し、可否同数のときは、議長の決するところによる。
第五七条　〔会議の公開、会議録の公表、表決の記載〕両議院の会議は、公開とする。但し、出席議員の三分の二以上の多数で議決したときは、秘密会を開くことができる。
② 両議院は、各〻その会議の記録を保存し、秘密会の記録の中で特に秘密を要すると認められるもの以外は、これを公表し、

且つ一般に頒布しなければならない。
③　出席議員の五分の一以上の要求があれば、各議員の表決は、これを会議録に記載しなければならない。
第五八条　〔**役員の選任・議院規則・懲罰**〕両議院は、各〻その議長その他の役員を選任する。
②　両議院は、各〻その会議その他の手続及び内部の規律に関する規則を定め、又、院内の秩序をみだした議員を懲罰することができる。但し、議員を除名するには、出席議員の三分の二以上の多数による議決を必要とする。
第五九条　〔**法律の制定、衆議院の優越**〕法律案は、この憲法に特別の定のある場合を除いては、両議院で可決したとき法律となる。
②　衆議院で可決し、参議院でこれと異なつた議決をした法律案は、衆議院で出席議員の三分の二以上の多数で再び可決したときは、法律となる。
③　前項の規定は、法律の定めるところにより、衆議院が、両議院の協議会を開くことを求めることを妨げない。
④　参議院が、衆議院の可決した法律案を受け取つた後、国会休会中の期間を除いて六十日以内に、議決しないときは、衆議院は、参議院がその法律案を否決したものとみなすことができる。
第六〇条　〔**衆議院の予算先議と優越**〕予算は、さきに衆議院に提出しなければならない。
②　予算について、参議院で衆議院と異なつた議決をした場合に、法律の定めるところにより、両議院の協議会を開いても意見が一致しないとき、又は参議院が、衆議院の可決した予算を受け取つた後、国会休会中の期間を除いて三十日以内に、議決しないときは、衆議院の議決を国会の議決とする。

第六一条　〔**条約の承認と衆議院の優越**〕条約の締結に必要な国会の承認については、前条第二項の規定を準用する。
第六二条　〔**議院の国政調査権**〕両議院は、各〻国政に関する調査を行ひ、これに関して、証人の出頭及び証言並びに記録の提出を要求することができる。
第六三条　〔**国務大臣の議院出席の権利・義務**〕内閣総理大臣その他の国務大臣は、両議院の一に議席を有すると有しないとにかかはらず、何時でも議案について発言するため議院に出席することができる。又、答弁又は説明のため出席を求められたときは、出席しなければならない。
第六四条　〔**弾劾裁判所**〕国会は、罷免の訴追を受けた裁判官を裁判するため、両議院の議員で組織する弾劾裁判所を設ける。
②　弾劾に関する事項は、法律でこれを定める。

第五章　内　閣

第六五条　〔**行政権と内閣**〕行政権は、内閣に属する。
第六六条　〔**内閣の組織、文民資格、連帯責任**〕内閣は、法律の定めるところにより、その首長たる内閣総理大臣及びその他の国務大臣でこれを組織する。
②　内閣総理大臣その他の国務大臣は、文民でなければならない。
③　内閣は、行政権の行使について、国会に対し連帯して責任を負ふ。
第六七条　〔**内閣総理大臣の指名、衆議院の優越**〕内閣総理大臣は、国会議員の中から国会の議決で、これを指名する。この指名は、他のすべての案件に先だつて、これを行ふ。
②　衆議院と参議院とが異なつた指名の議決をした場合に、法律の定めるところにより、両議院の協議会を開いても意見が一致

しないとき、又は衆議院が指名の議決をした後、国会休会中の期間を除いて十日以内に、参議院が、指名の議決をしないときは、衆議院の議決を国会の議決とする。

第六八条〔**国務大臣の任命、罷免**〕内閣総理大臣は、国務大臣を任命する。但し、その過半数は、国会議員の中から選ばれなければならない。

② 内閣総理大臣は、任意に国務大臣を罷免することができる。

第六九条〔**内閣不信任決議と解散又は総辞職**〕内閣は、衆議院で不信任の決議案を可決し、又は信任の決議案を否決したときは、十日以内に衆議院が解散されない限り、総辞職をしなければならない。

第七〇条〔**総理の欠缺又は総選挙と内閣の総辞職**〕内閣総理大臣が欠けたとき、又は衆議院議員総選挙の後に初めて国会の召集があつたときは、内閣は、総辞職をしなければならない。

第七一条〔**総辞職後の内閣による職務執行**〕前二条の場合には、内閣は、あらたに内閣総理大臣が任命されるまで引き続きその職務を行ふ。

第七二条〔**内閣総理大臣の職権**〕内閣総理大臣は、内閣を代表して議案を国会に提出し、一般国務及び外交関係について国会に報告し、並びに行政各部を指揮監督する。

第七三条〔**内閣の職権**〕内閣は、他の一般行政事務の外、左の事務を行ふ。

一　法律を誠実に執行し、国務を総理すること。
二　外交関係を処理すること。
三　条約を締結すること。但し、事前に、時宜によつては事後に、国会の承認を経ることを必要とする。
四　法律の定める基準に従ひ、官吏に関する事務を掌理すること。
五　予算を作成して国会に提出すること。
六　この憲法及び法律の規定を実施するために、政令を制定すること。但し、政令には、特にその法律の委任がある場合を除いては、罰則を設けることができない。
七　大赦、特赦、減刑、刑の執行の免除及び復権を決定すること。

第七四条〔**法律・政令の署名・連署**〕法律及び政令には、すべて主任の国務大臣が署名し、内閣総理大臣が連署することを必要とする。

第七五条〔**国務大臣の訴追**〕国務大臣は、その在任中、内閣総理大臣の同意がなければ、訴追されない。但し、これがため、訴追の権利は、害されない。

第六章　司　法

第七六条〔**司法権・裁判所、特別裁判所の禁止、裁判官の独立**〕すべて司法権は、最高裁判所及び法律の定めるところにより設置する下級裁判所に属する。

② 特別裁判所は、これを設置することができない。行政機関は、終審として裁判を行ふことができない。

③ すべて裁判官は、その良心に従ひ独立してその職権を行ひ、この憲法及び法律にのみ拘束される。

第七七条〔**最高裁判所の規則制定権**〕最高裁判所は、訴訟に関する手続、弁護士、裁判所の内部規律及び司法事務処理に関する事項について、規則を定める権限を有する。

② 検察官は、最高裁判所の定める規則に従はなければならない。

③ 最高裁判所は、下級裁判所に関する規則を定める権限を、下

級裁判所に委任することができる。

第七八条　〔**裁判官の身分保障**〕裁判官は、裁判により、心身の故障のために職務を執ることができないと決定された場合を除いては、公の弾劾によらなければ罷免されない。裁判官の懲戒処分は、行政機関がこれを行ふことはできない。

第七九条　〔**最高裁判所の構成、国民審査、定年、報酬**〕最高裁判所は、その長たる裁判官及び法律の定める員数のその他の裁判官でこれを構成し、その長たる裁判官以外の裁判官は、内閣でこれを任命する。

②　最高裁判所の裁判官の任命は、その任命後初めて行はれる衆議院議員総選挙の際国民の審査に付し、その後十年を経過した後初めて行はれる衆議院議員総選挙の際更に審査に付し、その後も同様とする。

③　前項の場合において、投票者の多数が裁判官の罷免を可とするときは、その裁判官は、罷免される。

④　審査に関する事項は、法律でこれを定める。

⑤　最高裁判所の裁判官は、法律の定める年齢に達した時に退官する。

⑥　最高裁判所の裁判官は、すべて定期に相当額の報酬を受ける。この報酬は、在任中、これを減額することができない。

第八〇条　〔**下級裁判所の裁判官、任期、定年、報酬**〕下級裁判所の裁判官は、最高裁判所の指名した者の名簿によつて、内閣でこれを任命する。その裁判官は、任期を十年とし、再任されることができる。但し、法律の定める年齢に達した時には退官する。

②　下級裁判所の裁判官は、すべて定期に相当額の報酬を受ける。この報酬は、在任中、これを減額することができない。

第八一条　〔**違憲審査制**〕最高裁判所は、一切の法律、命令、規則又は処分が憲法に適合するかしないかを決定する権限を有する終審裁判所である。

第八二条　〔**裁判の公開**〕裁判の対審及び判決は、公開法廷でこれを行ふ。

②　裁判所が、裁判官の全員一致で、公の秩序又は善良の風俗を害する虞があると決した場合には、対審は、公開しないでこれを行ふことができる。但し、政治犯罪、出版に関する犯罪又はこの憲法第三章で保障する国民の権利が問題となつてゐる事件の対審は、常にこれを公開しなければならない。

第七章　財　政

第八三条　〔**財政処理の基本原則**〕国の財政を処理する権限は、国会の議決に基いて、これを行使しなければならない。

第八四条　〔**租税法律主義**〕あらたに租税を課し、又は現行の租税を変更するには、法律又は法律の定める条件によることを必要とする。

第八五条　〔**国費の支出及び国の債務負担**〕国費を支出し、又は国が債務を負担するには、国会の議決に基くことを必要とする。

第八六条　〔**予算の作成と議決**〕内閣は、毎会計年度の予算を作成し、国会に提出して、その審議を受け議決を経なければならない。

第八七条　〔**予備費**〕予見し難い予算の不足に充てるため、国会の議決に基いて予備費を設け、内閣の責任でこれを支出することができる。

②　すべて予備費の支出については、内閣は、事後に国会の承諾を得なければならない。

第八八条〔皇室財産・皇室費用〕すべて皇室財産は、国に属する。すべて皇室の費用は、予算に計上して国会の議決を経なければならない。

第八九条〔公の財産の支出・利用提供の制限〕公金その他の公の財産は、宗教上の組織若しくは団体の使用、便益若しくは維持のため、又は公の支配に属しない慈善、教育若しくは博愛の事業に対し、これを支出し、又はその利用に供してはならない。

第九〇条〔決算審査、会計検査院〕国の収入支出の決算は、すべて毎年会計検査院がこれを検査し、内閣は、次の年度に、その検査報告とともに、これを国会に提出しなければならない。

② 会計検査院の組織及び権限は、法律でこれを定める。

第九一条〔内閣の財政状況報告〕内閣は、国会及び国民に対し、定期に、少くとも毎年一回、国の財政状況について報告しなければならない。

第八章　地方自治

第九二条〔地方自治の基本原則〕地方公共団体の組織及び運営に関する事項は、地方自治の本旨に基いて、法律でこれを定める。

第九三条〔地方議会、長・議員等の直接選挙〕地方公共団体には、法律の定めるところにより、その議事機関として議会を設置する。

② 地方公共団体の長、その議会の議員及び法律の定めるその他の吏員は、その地方公共団体の住民が、直接これを選挙する。

第九四条〔地方公共団体の権能・条例制定権〕地方公共団体は、その財産を管理し、事務を処理し、及び行政を執行する権能を有し、法律の範囲内で条例を制定することができる。

第九五条〔特別法の住民投票〕一の地方公共団体のみに適用される特別法は、法律の定めるところにより、その地方公共団体の住民の投票においてその過半数の同意を得なければ、国会は、これを制定することができない。

第九章　改　正

第九六条〔憲法改正の手続、その公布〕この憲法の改正は、各議院の総議員の三分の二以上の賛成で、国会が、これを発議し、国民に提案してその承認を経なければならない。この承認には、特別の国民投票又は国会の定める選挙の際行はれる投票において、その過半数の賛成を必要とする。

② 憲法改正について前項の承認を経たときは、天皇は、国民の名で、この憲法と一体を成すものとして、直ちにこれを公布する。

第十章　最高法規

第九七条〔基本的人権の本質〕この憲法が日本国民に保障する基本的人権は、人類の多年にわたる自由獲得の努力の成果であつて、これらの権利は、過去幾多の試錬に堪へ、現在及び将来の国民に対し、侵すことのできない永久の権利として信託されたものである。

第九八条〔憲法の最高法規性、国際法規の遵守〕この憲法は、国の最高法規であつて、その条規に反する法律、命令、詔勅及び国務に関するその他の行為の全部又は一部は、その効力を有しない。

② 日本国が締結した条約及び確立された国際法規は、これを誠実に遵守することを必要とする。

第九九条〔憲法尊重擁護の義務〕天皇又は摂政及び国務大臣、国会議員、裁判官その他の公務員は、この憲法を尊重し擁護する義務を負ふ。

第十一章　補　則

第一〇〇条　〔**施行期日、施行の準備**〕この憲法は、公布の日から起算して六箇月を経過した日から、これを施行する。〔昭二二・五・三施行〕

② この憲法を施行するために必要な法律の制定、参議院議員の選挙及び国会召集の手続並びにこの憲法を施行するために必要な準備手続は、前項の期日よりも前に、これを行ふことができる。

第一〇一条　〔**経過規定㈠―参議院未成立の間の国会**〕この憲法施行の際、参議院がまだ成立してゐないときは、その成立するまでの間、衆議院は、国会としての権限を行ふ。

第一〇二条　〔**経過規定㈡―第一期参議院議員の任期**〕この憲法による第一期の参議院議員のうち、その半数の者の任期は、これを三年とする。その議員は、法律の定めるところにより、これを定める。

第一〇三条　〔**経過規定㈢―憲法施行の際の公務員**〕この憲法施行の際現に在職する国務大臣、衆議院議員及び裁判官並びにその他の公務員で、その地位に相応する地位がこの憲法で認められてゐる者は、法律で特別の定をした場合を除いては、この憲法施行のため、当然にはその地位を失ふことはない。但し、この憲法によつて、後任者が選挙又は任命されたときは、当然その地位を失ふ。

私にとっての憲法

2017年4月21日　第1刷発行

編　者　岩波書店編集部

発行者　岡本　厚

発行所　株式会社　岩波書店
〒101-8002 東京都千代田区一ツ橋 2-5-5
電話案内 03-5210-4000
http://www.iwanami.co.jp/

印刷・三陽社　カバー・半七印刷　製本・松岳社

ISBN 978-4-00-061199-2　　Printed in Japan

憲法改正とは何だろうか　高見勝利　岩波新書　本体八二〇円

日本国憲法の誕生 増補改訂版　古関彰一　岩波現代文庫　本体一七二〇円

私の「戦後70年談話」　岩波書店編集部編　四六判二〇八頁　本体一六〇〇円

私の「戦後民主主義」　岩波書店編集部編　四六判二〇〇頁　本体一六〇〇円

私の「貧乏物語」——これからの希望をみつけるために——　岩波書店編集部編　四六判一九二頁　本体一六〇〇円

岩波書店刊
定価は表示価格に消費税が加算されます
2017年4月現在